IP 知识产权专题研究书系

ZHUANLI JILI LUN

专利激励论

余飞峰 著

知识产权出版社
全国百佳图书出版单位
——北京——

图书在版编目（CIP）数据

专利激励论/余飞峰著. —北京：知识产权出版社，2020.9
ISBN 978 - 7 - 5130 - 7148 - 2

Ⅰ.①专… Ⅱ.①余… Ⅲ.①专利制度—激励制度—研究—中国 Ⅳ.①D923.424

中国版本图书馆 CIP 数据核字（2020）第 165459 号

责任编辑：刘　睿　邓　莹　　　　　责任校对：王　岩
封面设计：SUN 工作室　　　　　　　责任印制：刘译文

专利激励论

余飞峰　著

出版发行：	知识产权出版社 有限责任公司	网　址：	http：//www.ipph.cn
社　址：	北京市海淀区气象路 50 号院	邮　编：	100081
责编电话：	010 - 82000860 转 8346	责编邮箱：	dengying@cnipr.com
发行电话：	010 - 82000860 转 8101/8102	发行传真：	010 - 82000893/82005070/82000270
印　刷：	三河市国英印务有限公司	经　销：	各大网上书店、新华书店及相关专业书店
开　本：	720mm×1000mm　1/16	印　张：	13.5
版　次：	2020 年 9 月第 1 版	印　次：	2020 年 9 月第 1 次印刷
字　数：	200 千字	定　价：	58.00 元

ISBN 978 - 7 - 5130 - 7148 - 2

摘　要

专利制度本身内蕴激励功能，其意在"为天才之火添加利益之油"。围绕着专利制度是否具备正当性，哲学家、经济学家、法学家们激辩数百年，从"有害论""无用论"和"有益论"的争执，及至"人格论""劳动论"到"激励论"的发展，再由对发明人的激励上升至对整个社会环境的激励。随着社会实践的深化，"有益论"逐渐占据上风，并最终证实了专利制度具备鼓励技术创新、推动社会发展的功能，得出专利制度具备正当性的结论。

尽管学者们完成了专利制度正当性的论证，然而就专利制度激励的方式、激励的内容与边界、激励的正当性范围和模式等理论与实践问题仍然亟待解决。为了在尽可能短的时间内使社会公众认识、利用专利制度，进而产生更多科技创新成果，应对国际竞争，在国家知识产权战略推动下，越来越多不同性质的新专利激励方式应运而生，并取得巨大成果。这些激励方式有别于专利制度内蕴的激励功能（笔者称之"内生性"激励），可以称之"外生性"激励。本书将专利制度的"外生性"激励与"内生性"激励合称为我国的专利激励制度。激励方式的多样化带来了我国专利空前繁荣的现状，同时也带来了激励制度异化的风险。截至目前，专利激励制度异化所带来的问题已经不容忽视，全国上下对此均有深刻认识。

本书以专利激励制度的异化后果为切入点，对专利激励制度进行系统性分析研究。首先对专利激励制度的内涵进行界定，本书有异于传统研究将专利激励分割为核心专利制度所内蕴的激励功能和我国专利政策外在激励两部分，而将两者合而为一，以此建立了专利激励制度，作为本书研究的范畴。再对专利激励制度的异化成因进行探究，在此过程中利用理论工具，参考域外实践状况进行比对，分析并找到我国专利激励制度异化的核心问题："内生性"激励不足，"外生性"激励过强。本书在对制度异化进行检视之后，借鉴先进的实践经验，结合理论与实践，提出改进我国的专利激励制度的建议。全书主要内容如下。

第一部分为绪论。首先介绍本书选题的背景意义、研究现状和研究的范围、方法等。在综述中，对专利激励机制的本质、专利激励的异化表现及成因分析、我国的专利激励政策、专利激励异化规制理论层面和实践层面的研究进行梳理，并厘清其中的分歧和不足。

第二部分是我国专利激励制度的理论基础。此部分提出专利激励制度的概念，厘清专利激励制度和专利制度之间的关系，着重对专利激励制度的"二元性"进行论述。首先，在对专利激励制度概念合规性的论述中，本书认为：尽管"内生性"激励和"外生性"激励的侧重点不同，却都有相同的目的，都是通过激励方式，作用于专利权人这一对象，并且起到相同的促进作用，因此作为一个统一制度是合规的；其次，对专利激励制度的内容及特征作介绍；再次，对法律渊源进行归纳，重点在于对"内生性""外生性"法律渊源的梳理；最后，分析我国当初专利激励制度创设的机理缘由。

第三部分是我国专利激励制度的检视。首先归纳并厘清劣质化、闲置化、廉价化、泡沫化、工具化五个制度异化后果；其次深入分析我国专利激励制度异化的成因，找出问题的主客观根源；最后指出我国专利激励制度运行中存在的现实缺陷，按照"内生性""外生性"两个激励层面，以及两个层面之间的衔接关系进行分析，并论证我国专利激励制度的应然价值。

第四部分是专利激励制度的学理依据及理念重构。这是寻找专利激励的方向、尺度的理论依据，理论上专利激励分为扩张性和限制性两种类别，通过对这两个类别进行解读，遵循市场规律对专利激励制度进行理念重构，理念重构内容包括：确定专利激励制度的方向、范围和模式以及目标价值和理念方向。

　　第五部分是专利激励制度的多维度实践。本部分考察美国、欧盟及欧洲各国、日本、韩国、我国台湾地区等国家和地区与专利激励有关的制度，筛选出笔者认为有借鉴意义的激励制度，分别从专利授权、专利促进和专利保护三个维度进行分析比对，以此为后文制度改进提供参考。

　　第六部分是我国专利激励制度的改进路径。本部分从立法层面提出要提高专利保护在我国法律体系中的地位，强化专利保护的建议；从司法层面提出完善侵权损失计算方法，废除"诉讼中止"制度，引入"惩罚性赔偿"的建议；从行政层面提出完善专利权评价报告制度、专利资助制度以及完善专利行政执法能力的建议。

　　第七部分是结语。本部分对全书的研究内容加以归纳并提出研究未臻完善之处。

Abstract

Being intended to "add the fuel of interest to the fire of genius", the patent system has an intrinsic incentive function. The justification for the patent system has been a hot topic of discussion among philosophers, economists and jurists for centuries, which saw the disputes over the "harmful theory", "useless theory" and "beneficial theory" of the patent system, and the development from personality trait theory, labor theory to incentive theory, and later the evolution from its incentive function to inventors to its incentive function to the whole social environment. With the deepening of social practice, the "beneficial theory" has gradually gained the upper hand, and finally justified that the patent system has the function to encourage technological innovation, and promote social development. Thus, the patent system has been justified.

Despite of the full discussion among scholars over the justification of the patent system, such theoretical and practical problems as the methods, content and border of the incentive function that the patent system can play, as well as the scope of justification and mode of the incentives remain to be unsolved. In order to allow the public to understand and make use of the patent system in the shortest possible time, so as to produce more scientific and technological results of innovation to face the international competition, more and more new patent incentive methods of different nature have emerged ever since, under the encouragement of the national intellectual property strategy, which have achieved significant results. However, such incentive methods are different from the intrinsic incentive function of the patent system (the writer names it "endogenous" incentive), which can be defined as "exogenous" incentive. This paper aims to combine the "exogenous" and the "endogenous" incentives of the patent system, to form the patent incentive system in China. On one hand, the emergence of diverse incentive methods has unprecedentedly promoted the flourishing of patents in China; on the other hand, it has also entailed the risk of alienation of the incentive system. So far, the problems resulted from the alienation of the patent incentive system have accumulated to the point where they cannot be ignored, which has been deeply realized by the whole country.

This paper carries out a systematic analysis on the patent incentive system, with the consequences of its alienation as the cut – in point. First of all, connotation of the patent incentive system is defined. Different from the traditional research which divide the patent incentive function into two parts: one is the intrinsic incentive function of the core patent system, and the other is the external incentive function of China patent policies. In this paper, the two parts are integrated and taken as a unified patent incentive system, which falls into the category of research this paper is aiming at. Through the exploration of the causes of alienation, in which theoretical tools are adopted, and foreign practical cases are borrowed for the purpose of comparison, the core issues related to the alienation of the incentive system are found, that is, inadequate "endogenous" incentive and excessive "endogenous" incentive. This paper aims at proposing solutions to improve China patent incentive system drawing on the experience of foreign countries, and combining theory with practice. In addition to the introduction and conclusion parts, the text is divided into five chapters. Content of the paper is as follows:

Part 1: The introduction. It introduces the background and the significance of the subject matter, the status quo of researches in the field, as well as the scope and methods of the present research. The summary part combs the nature of the patent incentive mechanism, the expression of the patent incentive's aliena-tion and the analysis of the cause, as well as the researches on the patent incen-tive policies and the regulations on patent incentive alienation in China on both the theoretical and the practice levels, and clarifies the differences and deficien-cies.

Part 2: The cognitive basis of China's patent incentive system. It puts for-ward the concept of patent incentive system, clarifies the relationship between the patent incentive system and the patent system, and focuses on the "duality" of the patent incentive system. Firstly, in the concept of patent incentive system compliance discussion, this paper argues that although "endogenous" incentive and "exogenous" incentive are with different emphases, but they have the same purpose, that is, to act on the object of patentee and play the same promoting effect through incentives, therefore, as a unified system, it is a compliance; Secondly, this paper introduces the content and characteristic of the patent in-centive system, followed by a summary to the sources of law, focusing on the "endogenous" and "exogenous" of legal origin; finally is the analysis of mecha-nism and cause of the establishment of China's patent incentive mechanism.

Part 3: Review on China's patent incentive system. Firstly, it summarizes and clarifies the five alienation consequences of the patent system, namely, in-feriority, idleness, low – priced, bubblization and instrumentalization; then, it deeply analyzes the causes of the alienation of the China's patent incentive sys-tem and identifies the subjective and objective roots of the problem; and then, it digs out the existing defect in the operation of the China's patent incentive sys-tem, which are then analyzed from the two dimensions of "endogenous" and "exogenous" incentives, as well as the connection between the two dimensions; finally, it points out the ought – to – be values of China patent incentive system.

Part 4: The cognition of the theories and idea reconstruction of the patent incentive system, which is the theoretical basis of the direction and scare of the patent incentive system, theoretically, the patent incentive can be divided into two categories: expansion and restriction, through the interpretation of the two categories, following the market rule, the concept of patent incentive system can be reconstructed, which includes the direction, scope and mode, as well as target value and idea direction of the patent incentive system.

Part 5: Reference of extraterritorial practice of the patent incentive system. This paper examines the patent incentive related systems in the United States, the European Union and European countries, Japan, Korea, Taiwan and other countries and regions, from which the incentive systems with referential significance are selected for further analysis and comparison from three dimensions: patent formation, patent promotion, and patent protection. The result serves as a reference for the institutional improvement in the section below.

Part 6: The improvement path of the patent incentive system. This paper proposes from the legislative perspective to elevate the status of patent protection in the Chinese legal system and strengthen the patent protection, and suggests improving the calculation method of infringement loss, abolishing the "suspension of litigation" system and introducing "punitive damages" from the judicial perspective. From the administrative perspective, it proposes to improve the patent evaluation report system, and the patent subsidy system and strengthen the administrative law enforcement ability for patent protection.

Part 7: The conclusion. This part summarizes the content of the research and points out the limitations of the research.

目　录

绪　论 ……………………………………………………………… 1

　　第一节　研究背景 ………………………………………………… 1

　　第二节　国内外研究现状综述 …………………………………… 4

第一章　我国专利激励制度的理论基础 …………………………… 14

　　第一节　"专利激励制度"的概念界定 ………………………… 14

　　第二节　我国专利激励制度的内涵和特征 ……………………… 21

　　第三节　我国专利激励制度的法律渊源 ………………………… 24

　　第四节　我国专利激励制度的形成原因 ………………………… 33

第二章　我国专利激励制度的检视 ………………………………… 44

　　第一节　我国专利激励制度的异化后果 ………………………… 44

　　第二节　我国专利激励制度异化成因分析 ……………………… 56

　　第三节　我国专利激励制度存在的缺陷 ………………………… 71

　　第四节　我国专利激励制度的应然价值 ………………………… 87

第三章　专利激励制度之学理认知及理念重构 …………………… 93

　　第一节　专利激励扩张的理论诠释 ……………………………… 93

　　第二节　专利激励限制的理论依据 ……………………………… 103

　　第三节　专利激励制度运行之法机理研判 ……………………… 110

　　第四节　专利激励制度改进之理念重构 ………………………… 115

第四章　专利激励制度的多维度实践 ……………………………… 122

　　第一节　专利授权维度 …………………………………………… 122

　　第二节　专利促进维度 …………………………………………… 135

第三节　专利保护维度 ·· 143

第五章　我国专利激励制度的改进路径 ·········· 159

第一节　立法层面 ·· 159

第二节　司法层面 ·· 169

第三节　行政层面 ·· 176

结　语 ··· 186

参考文献 ··· 190

绪　论

第一节　研究背景

我国于 1984 年正式建立专利制度，虽然起步时间较晚，但在不断创新的专利激励制度作用下，我国专利数量相对于世界其他国家或地区却后来居上，超伦轶群。在专利申请和授权总量上，我国的发明专利、实用新型专利、外观设计专利均位列世界第一。国家知识产权局发布的数据显示，自 1985 年 4 月至 2018 年 12 月，我国国内外发明专利申请受理量总计 10 619 959 件，其中获得发明专利授权的总计 3 167 702 件，授权率 29.82%，截止 2018 年 12 月，我国发明专利有效数量总计 2 366 314 件；我国国内外实用新型专利申请受理量总计 11 861 864 件，其中，获得实用新型专利授权的总计 8 325 112 件，授权率 70.18%，截止 2018 年 12 月，实用新型专利有效数量总计 4 403 658 件；我国国内外外观设计专利申请受理量总计 7 257 239 件，其中，获得外观设计专利授权的总计 4 991 732 件，授权率 68.78%，截止 2018 年 12 月，外观设计专利有效数量总计 1 610 616 件。2018 年，我国发明专利申请受理量达到 154.2 万件，同比增长 10.4%，共授权发明专利 43.2 万件，其中，国内（专利申请人）发明专利申请量达 139.3 万件，其中授权 34.6 万件，国内（专利权人）持有的有效发明专利总拥有量突破 166.2 万件❶。PCT 国际专利申请受理量接近 5.5 万件❷。

虽然我国专利申请总量连续 6 年位居世界首位，但国内外学者对我国专利领域诸多弊端的质疑从未断绝。有学者曾言，"中国 50% 以上的专利都是垃圾专利……真正应用于市场的专利占比不到 10%"。❸ 以此论调为代表，认为我国专利领域存在大量泡沫并将带来严重后果的质疑声音一直存在。对此，全国政协委员、国家知识产权局原局长田力普虽也承认存在专利泡沫，但认为并没有那么严重，其在 2014 年 3 月答记者问时曾言："前两年我国的专利泡沫大概占一成，现在有一些变化，可能减半了，有 0.5 成。"❹ 再如专利申请浪费社会资源问题，在一些专利申请大省，尤其是发达省份，企业在专利申请、审查等环节的费用主要由政府财政承担；对专利申请的支持力度，则根据专利种类在各个地方有所不同。以江苏为例，在苏州下面的一个县级市每年财政要为专利支付费用 700 万~800 万元。造成巨大的社会资源浪费。❺ 而有关管理部门则认为这是引进先进技术，保护发明人权益，促进经济科技发展之必需。

随着近几年不同观点的碰撞和争论，问题焦点逐渐集中到现行的专利激励制度上，不少学者直指现行专利激励制度已经背离了初衷，制度运行过程发生异化，造成多方面的后果。

首先，专利"含金量"低。以 2014 年数据为例，中国申请的专利数量为 92 万件，授权量为 233 228 件，授权率为 25.35%；美国的申请量为 578 802 件，授权量为 300 678 件，授权率为 51.95%；日本的申请量为 325

❶ 中华人民共和国国家知识产权局统计信息，访问网址：http://www.cnipa.gov.cn/tjxx/jianbao/year2018/indexy.html，2020 年 8 月 12 日访问。

❷ 中华人民共和国国家知识产权局统计信息，访问网址：http://www.sipo.gov.cn/docs/2019-01/20190129105822724812.pdf，2020 年 8 月 12 日访问。

❸ 王仁贵：《"泡沫"浮生的专利大国》，载《瞭望》2010 年第 43 期。

❹ 徐艳等：《知识产权局原局长：中国专利数世界第一，低质量的不少》，载《南方都市报》2014 年 3 月 11 日。

❺ 耿雁冰：《财政埋单助推专利泡沫：企业仅需要 10%》，载《21 世纪经济报道》2013 年 6 月 27 日。

989 件，授权量为 227 142 件，授权率为 69.68%。[1] 与美、日的数据比较，我国的发明专利授权比例明显较低，鉴于发明对专利质量在统计学上的代表性，可以认为我国发明专利质量"含金量"较他国低。

其次，专利转化率低。我国企业的专利转化率数据较少有官方资料作为佐证，可以借鉴的是，教育部 2011 年发布的《中国高校知识产权报告》中的统计数据显示：按平均计算，高校的专利转化率只有 5%；而据《中国科学报》报道，2011 年我国专利技术实施率仅为 0.29%。[2]

再次，在专利保护方面，国内"赔偿数额低，侵权成本低，维权成本高"的局面长期持续。由于专利权本身存在较强的专业性和复杂性，加之侵权认定耗时较长、最终侵权赔偿数额偏低；与之成对比，专利维权成本过高，价值实现成本过高，大大降低了专利制度的应有作用。

最后，强势企业滥用专利权，大量利用各种专利战略、战术组合垄断市场，破坏公平竞争的市场环境。如"专利丛林"战术，或进行专利捆绑式许可或转让等的经营战术。强势企业利用专利战略战术可达到扰乱竞争对手、抬高新企业进入门槛、阻却新企业参与市场竞争的目的。

随着经济的全球化发展，知识产权被视为核心竞争力，越来越受到各国的关注。专利作为知识产权的重要组成部分，其重要性不言而喻。所谓的专利劣质化、廉价化、闲置化、泡沫化、工具化等问题是否存在？专利激励制度究竟是什么？是否必不可少？是否存在异化现象？对我国专利制度的影响如何？应当如何改进等问题，值得我们进一步研究。

本书以专利激励制度为研究对象，从我国专利激励制度的产生缘由、机理入手，检视实践过程中专利激励制度的异化现象，以及数十年来专利工作中的成败利钝，阐明专利激励制度改进的意义，进而寻求我国专利激励制度的改进途径，具有一定的理论价值和实践意义。

----

[1]　中华人民共和国国家知识产权局统计信息，访问网址：http：//www. sipo. gov. cn/tjxx/tjyb/2015/201512/P020151215336593972805. pdf，访问时间：2016 年 1 月 8 日。

[2]　张维：《部分科研项目巨资换来专利"华而不实"盲目追求专利申请数量亟需遏制》，载《法制日报》2014 年 4 月 21 日。

从理论意义而言，本书拟较为全面地探讨专利激励制度的内涵性质、生成根源及异化成因，研究专利激励制度与社会、经济、技术等因素之间存在的相互影响关系，进而构建专利激励制度理论分析框架体系，对现行专利激励制度进行改进。在遵循专利制度"保护专利权人的合法权益，鼓励发明创造，推动发明创造的应用，提高创新能力，促进科学技术进步和经济社会发展"宗旨的基础上，明确专利激励制度的应然追求并对制度加以改进，以期达到引导专利申请人正确申请专利，维护专利权人合法权益，促进社会科技进步，减少资源浪费的目的。

在实践意义上，本书根据法哲学的基本原理，遵循专利制度的市场经济属性，从专利申请人、专利审查机关、管理机关、代理机构、侵权人、一般公众等专利策略主体的法律博弈出发，对我国专利激励制度运行情况和司法行政实践进行研究；同时对比域外专利制度，对专利申请、审查、授权、侵权诉讼、专利无效等程序和相关法律法规进行研究，结合域外实践及我国专利激励制度存在的问题，从立法、行政、司法等层面对专利激励制度的改进提出应对之策，对我国专利相关立法具有一定的参考意义。

第二节 国内外研究现状综述

当前我国对"专利激励制度"的研究主要集中于经济学、法学等领域，内容涉及专利激励机制的本质、专利激励制度的异化表现、专利激励政策、专利激励的理论、专利激励的实践等多个方面。

一、专利激励机制的本质

对于专利激励机制理论，有学者指出，专利制度能够实现对技术创新激励作用的关键在于它是关于产权界定的制度。专利权是私人财产权，也是人们对其发明创造享有的独占权。❶ 专利制度的运行并不当然带来报酬。专利权是对专利技术独占性使用而获利的潜在利益，专利制度所激励的，是通过专利将技术成果市场化的商业行为。不考虑市场的专利行为，是对专利与专利激励作用的误解。❷ 知识产权制度本身是一种激励机制，市场要求以企业技术创新利益激励为导向，企业在促进知识创造方面也应建立一整套以利益为核心的机制，来促进我国企业技术创新与知识产权战略实施。❸ 我国的专利制度的类型属于政府推进型，因此我国专利目标的设计和实施很大程度上是政府推进的结果。我国可借鉴当下世界通行的专利激励机制，对其进行内部性和外部性的具体分析，并结合中国的国情研究出专利激励机制的特质及对策。❹ 也有学者指出专利制度属于专利技术保密激励制度，因为专利激励机制本质上是政府为促使人们进行技术创新而设计的一种激励机制，创新者基于成本效益分析而进行专利申请等市场选择行为，政府需要以知识产权特性为基础提供多样性的激励制度。❺ 对知识产权制度所蕴含的经济理性进行考察，可知其内在的平衡机制和外部的限制机制对保证信息资源配置流畅、有效进行的重要作用。❻

但上述研究侧重于专利的"内生性"激励，对于利用政府行政手段进行的"外生性"激励研究未作充分揭示，同时缺少对专利申请人的动机分析，对激励的外生性和内生性两个层面之间相互关系的研究有待深入。

二、专利激励的异化后果及成因分析

本书将我国专利激励异化的后果归纳为专利劣质化、闲置化、廉价化、泡沫化、工具化五大类。与本书不同，学界对专利激励异化表现多用

---

❶ 郑友德：《论专利制度对创新的激励》，载《科研管理》1999 年第 3 期。
❷ 杨利华：《专利激励论的理性思考》，载《知识产权》2009 年第 1 期。
❸ 冯晓青：《促进我国企业技术创新与知识产权战略实施的激励机制研究》，载《社会科学战线（法学版）》2013 年第 2 期。
❹ 袁红梅等：《专利激励机制探析》，载《科技管理研究》2010 年第 1 期。
❺ 林关征：《专利激励机制的理论探源——基于政府制度设计的解析》，载《现代经济探讨》2011 年第 3 期。
❻ 宁立志：《知识产权权利限制的法经济学分析》，载《法学杂志》2011 年第 12 期。

垃圾专利、问题专利、闲置专利、专利滥用、转化率等名词进行表达，对专利廉价化、泡沫化多从经济学角度出发，从法学角度研究不足，特别是对专利泡沫化的研究尤其少，有待进一步系统化研究。

（一）专利劣质化成因及矫正措施

2003年11月，美国联邦贸易委员会在其《促进创新：竞争与专利的法律和政策的恰当平衡》的报告中就对"问题专利"进行了重点关注，该报告指出："如果不能在竞争与专利的法律和政策之间保持适当的平衡，就会对创新造成损害。"该报告中将"劣质专利"（poor quality patent）与"问题专利"（questionable patent）相提并论，是指那些很可能无效的，或者其所包含的权利要求很可能过宽的专利（FTC，2003）。[1] 有学者对"垃圾专利"作出了较为完整的定义；通过对专利授权量、有效量与企业经济收益等数据的统计，分析探究"垃圾专利"量的变化与企业经济效益增减之间的关系，进而分析两者的内在联系；最终论证"垃圾专利"的不可避免性，以及探讨在此情形下如何正确看待"垃圾专利"对市场竞争造成的影响。[2] 有学者认为"垃圾专利"的产生是由于相关法律政策的不良干预，相关法律政策本应是解决专利问题的手段，却在不知不觉中反而将问题变得更严重，并初步探讨对相关法律的修改。[3] 有学者在对"垃圾专利"进行界定并分析其成因的基础上，以专利申请与获得的流程为主线，对"垃圾专利"的治理问题作了深入探讨，指出"垃圾专利"的产生是多维度的，需要一个全方位的解决机制。[4]

---

[1] The Federal Trade Commission："To Promote Innovation, The Proper Balance of Competition and Patent Law and. Policy"，来源：WIPO，访问网址：http://www.wipo.int/wipolex/en/details.jsp?id=5410，访问时间：2017年7月12日。

[2] 吴少友等：《"垃圾专利"对市场竞争的影响》，载《知识经济》2014年第5期。

[3] 孙佳明：《论我国垃圾专利问题》，载《法制与社会》2014年第20期。

[4] 程晓枫：《浅谈垃圾专利及其治理》，载《中国高新技术企业》2011年第33期。

（二）专利闲置化成因及矫正措施

专利闲置化也即专利的转化率低，是我国当前专利制度面临的一大难题。要避免闲置专利，必须积极创建、开发具备管理知识产权组合功能的知识产权管理机构。❶ 破解地方高校专利闲置与流失困局，需要制定、实施以提高自主创新能力和专利竞争力为核心的高校专利战略，完善高校专利创造的激励机制。❷ 专利市场信息不完全、跨国公司的专利滥用和专利申请中存在"泡沫"则进一步加剧了"专利沉睡"现象的出现。❸ 专利闲置化可归结于市场主体研发经费投入欠科学、专利成果质量不高、成果转化市场不健全、收益分配政策不完善等方面的原因，要解决专利闲置化问题，应当以专利成果市场化为核心，促进有效供给，释放有效需求，加强市场监管。❹

（三）专利廉价化成因及矫正措施

影响专利价值的四要素是专利技术质量、市场价值、技术可替代性和专利保护强度。基于四要素的专利价值评估方法以技术质量和市场价值为基础，综合考虑技术、市场、竞争、法律四大要素，通过定量计算的方法评估专利价值，展示了一种新的专利价值评估方法。❺ 有学者利用拍卖数

---

❶ JA Bracchitta, PM Marmillion, BA Pierson, HC Rickers and JR Walter, "Intellectual property management method and apparatus"，来源：百度学术，访问网址：http：//xueshu. baidu. com/s? wd = paperuri：（83877edf2a7fcc25bfa0145df9b51b38）&filter = sc _ long _ sign&sc _ ks _ para = q% 3DIntellectual + property + management + method + and + apparatus&tn = SE_baiduxueshu_c1gjeupa&ie = utf − 8&sc _ us = 9074301422137236849，访问时间：2016 年 6 月 12 日。

❷ 邹开亮等：《地方高校专利闲置与流失的成因与对策——以江西高校为例》，载《高等农业教育》2015 年第 5 期。

❸ 唐要家等：《专利转化中的"专利沉睡"及其治理分析》，载《科技与经济》2006 年第 8 期。

❹ 刘期家等：《我国专利成果转化现状、成因与对策研究》，载《广西社会科学》2014 年第 1 期。

❺ 李振亚等：《基于四要素的专利价值评估方法研究》，载《情报杂志》2010 年第 8 期。

据对实际的专利拍卖价格和专利价值的评估进行了实证研究。[1] 专利的价值取向根据不同的评估背景存在差异。对专利价值进行分类应基于这些差异，从而利于准确评估专利价值。将专利价值分为经济价值和非经济价值，又将经济价值再细分为直接经济价值和间接经济价值，最后将直接经济价值详细分为使用价值、交易价值、清算价值、担保价值和公平价值，并对后四类专利价值的特征进行深入分析，提出相应的评估思路。[2] 专利价值呈现对数常态曲线分布，大部分的专利价值很低甚至毫无价值，极少部分的高价值专利则贡献总价值的大部分。[3] 虽然理论界提出了专利价值的评估方法，但在评估方法上仅仅停留在对专利价值的评分标准上，缺乏具体的可操作性，且经济层面与法律层面探讨分离。另外，针对不断涌现出的专利交易方式，如质押、入股等，专利价值的评估仍然是一个未解难题，有待进一步深入研究。

（四） 专利泡沫化成因及矫正措施

专利泡沫化的理论较新，且多停留在经济学层面。专利申请量剧增的同时专利质量下降，相当多专利没有社会、经济及技术价值，这种专利申请量虚增的现象称为专利泡沫。[4] 消除专利泡沫最好的措施就是废除所有的行政补贴，取消专利和职称、荣誉的关联；建立健全专利信息共享平台，让具备技术革新性、良好市场前景的专利和市场资本之间的联系更加容易和紧密；有关部门加大打击专利侵权力度，改变专利侵权成本低、维权成本高的现状。[5] 上述研究指出了专利泡沫的危害，并提出一定的解决方案，但专利泡沫研究不应当仅仅停留在经济学层面，专利制度的法律属

---

[1] Timo Fischer and Jan Leidinger："Testing Patent Value Indicators on Directly Observed Patent Value—An Empirical Analysis of Ocean Tomo Patent Auctions"，Research Policy，2013，pp. 519 – 529.

[2] 万小丽：《专利价值的分类与评估思路》，载《知识产权》2015 年第 6 期。

[3] Jean O. Lanjouw, Ariel Pakes, and Jonathan Putman, "How to Count Patents and Value Intellectual Property", the Journal of Industrial Economics, 1998, Vol. 46, No. 4, pp 405 – 432.

[4] 田艳丽：《"专利泡沫"的产生及应对措施》，载《科技风》2015 年第 21 期。

[5] 刘俊：《关于专利泡沫的研究》，载《中小企业管理与科技》2015 年第 9 期。

性不应当被忽视，对专利泡沫的研究应当从经济与法律相结合的角度进行。

（五）专利工具化成因及矫正措施

在我国司法实践中，涉及"问题专利"不当运用相关案例逐渐增多，判断权利人权利行使行为是否具备违法性，在最大限度确保宪法所保障的诉权的同时，兼顾考虑被控侵权人的利益保护，以防止滥用权利救济措施。考虑到相关解释的操作性问题，日本的相关司法经验十分值得借鉴。❶将专利添加至专利池中形成专利组合，而公司的商业计划合成且积极地捍卫一个巨大的专利组合，尽管在专利组合中可能存在问题专利。❷针对我国科技自主创新不足，强势企业滥用知识产权的情形，反垄断法应着重关注知识产权反竞争行为，这虽与欧盟追求内部市场统一的目标不同，但方向却一致。所以欧盟的干预理论和干预方法值得借鉴。❸知识产权与资本的关系密切，两者结合能够对人类社会起到促进作用。但知识产权的垄断特性又易于被资本利用于限制竞争，势必造成新的不平等和利益失衡，损害市场经济的公平自由竞争机制。通过权利限制可以调节知识产权的工具化。❹我国现行专利制度中存在的问题包括纵容垃圾专利、公众利益代表的缺失与粗放的利益平衡体系，问题根源在于专利制度设计缺乏对公众利益的关怀。❺

我国专利激励异化的表现特征为专利的劣质化、闲置化、廉价化、泡沫化、工具化，但现行研究多从一两个角度进行，较少系统化地深入分

---

❶ 张鹏：《日本专利侵权损害赔偿数额计算的理念与制度》，载《知识产权》2017 年第 6 期。

❷ Gobble, and Mary Anne M. , "Arming for a Patent War", Research Technology Management, 2011. Vol. 54 (6), pp. 2 – 3.

❸ 李霞：《欧盟竞争法对知识产权滥用市场支配地位的规制》，华东政法大学博士学位论文，2014 年。

❹ 阮思宇：《论知识产权的权利限制——以正当性分析为探索路径》，吉林大学博士学位论文，2011 年。

❺ 陈广吉：《专利契约论新解——以公众利益关怀为视角》，华东政法大学博士学位论文，2011 年。

析，且对其现象背后的市场规则缺少全方位的研究，也欠缺法律层面的探讨，这些不足有待我们进一步深入研究。

三、我国专利激励政策的研究

国家专利制度是专利政策产生的基础，国家专利制度包括有关的制度设计和法律规则，因此不同国家的专利政策也表现出较大的差异。

知识产权制度应与国家的科技政策、产业政策、文化政策、教育政策、外贸政策相互配合，并在有关政策出台时增加知识产权条款。[1] 我国专利政策也具有自己的特点，但是由于各种原因，我国专利政策还有很多的不足之处，其功能与定位尚不明晰，从而导致经济贡献与社会价值以及专利政策协同效应不足，相关的基础理论与经济学研究也比较薄弱，对市场实施科学干预的方式也相应有待优化。[2] 倡导政府专利资助政策的协同，期望该系统在内部、外部以及内外部之间形成综合协同效应。[3] 根据近期美国国际贸易委员会报告和欧盟中国商会发布的报告中对中国自主创新政策的分析，有学者指出中国目前专利申请量的增加与创新能力的表现之间仍然有着较大的距离，专利促进政策应从重视专利"数量"转向重视专利"质量"，以专利质量为核心。[4] 有学者借鉴了美国促进高新技术发展立法，认为高新技术产业对一国经济发展具有重要意义。我国高新技术产业立法尚处在初级阶段，存在诸多有待完善的地方，美国关于促进高新技术发展立法呈现出立法技术成熟、扶持政策多样、立法内容系统等特点，十分值得我国对其进行深入分析并学习借鉴，尤其是我国在积极立法促进高新技术产业发展方面尚处于起步阶段，更加应当注重取人之长补己之短。[5]

---

[1] 吴汉东：《利弊之间：知识产权制度的政策科学分析》，载《法商研究》2006 年第 5 期。
[2] 毛昊：《试论我国专利政策：特征、问题与改革构想》，载《科技与法律》2016 年第 1 期。
[3] 刘华等：《政府专利资助政策协同研究》，载《知识产权》2010 年第 2 期。
[4] 徐棣枫、陈瑶：《中国专利促进政策的反思与调整——目标、机制、阶段性和开放性问题》，载《重庆大学学报（社会科学版）》2013 年第 6 期。
[5] 张静露：《美国促进高新技术产业发展的立法现状及其借鉴》，载《理论与实践》2013 年第 133 期。

上述研究介绍了域外和中国不同的专利激励政策并进行对比，指出中国专利激励政策的内在特点及存在的问题，并探寻更好的激励方式，但研究深度限于专利政策和专利制度之间的关系，缺少对专利制度及专利激励背后法哲学理论的论证，因此也没有上升到法哲学理论的层次，缺乏原则性的指导作用，也未作理论与实践之间的融合，不能作为实践中的理论基础。

四、专利保护与激励机制的关系研究

近年来，不少学者都对现行的专利保护制度进行了较为深入的讨论，证实我国专利的保护力度比起域外为弱的现状，多是通过比较研究的方法，指出我国专利保护与域外的差别，从中得到如何改良我国现行制度的启发。

较弱的专利保护有助于减少竞争强度，与较强专利保护比较不见得影响创新，其更利于消费者和社会；但如果创新采取产品差异化之类的其他非生产性策略，这一结论可能是无效的。[1] 有学者认为，专利保护对专利商业化具有显著的正向影响；专利获取、专利保护、专利商业化与技术创新绩效对专利商业化均具有显著的正向影响。[2] 有学者利用专利保护程度计算公式对我国 1985～2004 年和美国 2004 年的专利保护程度进行计算，指出如果要提高专利保护程度，我国应大大加强专利的司法保护程度，同时必须提高专利审批保护和行政执法保护程度。[3] 也有学者指出我国应当采取时间上和空间上的广义外延来对专利请求权和保护期滥用争议进行范围认定，在专利保护战略的整个进程之中对专利滥用进行认定和规制。[4]

---

[1] Arijit Mukherjee："Patent protection under endogenous product differentiation"，Asia - Pacific Journal of Accounting & Economics，2014，Vol. 21（1），pp. 21 - 36.

[2] 曹勇等：《专利获取、专利保护、专利商业化与技术创新绩效的作用机制研究》，载《科研管理》2013 年第 8 期。

[3] 宋河发：《专利保护程度评价体系与中美保护程度比较》，载《科学学研究》2007 年第 4 期。

[4] 张冬：《专利权滥用争议的法律协调——以专利法与反垄断法的关联为视角》，载《河北法学》2009 年第 6 期。

法律博弈是法律策略主体在行为发生相互作用时的策略选择以及这种策略选择所产生的法律均衡问题。法律均衡问题贯穿整个法律博弈的始终，法律博弈中激励机制的选择起着价值导向和引领作用，影响法律博弈最终产生的结果，也是进行法律策略选择要达到的目标。❶

上述对专利保护理论层面的研究更多停留在"内生性"激励理论的层面，对"外生性"层面的激励讨论不足，欠缺将专利激励制度视为一个整体的讨论。对应当如何调节专利保护的范围、力度、方式，来改进整个专利激励制度没有作充分的理论论证，既欠缺有效的实践建议，也欠缺全面归纳。

五、专利激励改进实践层面的研究

专利问题出现的原因在于审查员审查力度不够、查新手段落后、实用新型和外观设计不作实质性审查，以及地方政府专利资助费用与奖励政策有失偏颇，可以通过立法、行政、司法、国际合作等四个层面的努力来加以有效控制。❷ 通过完善职务发明专利权归属制度、专利实施许可制度，限制专利权出质、转让、许可实施、质押担保的风险，以及共有专利权利制度设计不合理的风险。❸ 对专利制度如专利评价报告制度、公知技术抗辩制度、确认不侵权之诉制度、诉前禁令的审查制度等不断加以完善，同时运用其他法律手段如通过反垄断法及标准专利管理的行政法规制专利许可权滥用行为。❹ 有学者提出应当将专利保护提高到宪法的层面。❺ 有学者提出勿增设专利侵权惩罚性赔偿，而应该认真践行现有的补偿性损害赔偿机制。❻ 为打击侵权，任何第三方都有权对侵权者提出诉讼，并获得补偿

---

❶ 金梦：《法律博弈论及其核心构造》，载《江海学刊》2015 年第 5 期。
❷ 黎运智：《问题专利的产生及其控制》，载《科学学研究》2009 年第 5 期。
❸ 蒋逊明：《专利权利用的制度性风险研究》，华中科技大学博士学位论文，2006 年。
❹ 张健：《专利权滥用及其法律规制研究》，吉林大学博士学位论文，2011 年。
❺ 邹波：《知识产权宪法保护研究》，武汉大学博士学位论文，2011 年。
❻ 李晓秋等：《专利侵权惩罚性赔偿立法：我国台湾地区的实践及其启示》，载《科学管理研究》2016 年第 12 期。

分成。❶

在对国外实践的研究中，有学者研究美国、欧盟和 TRIPS 协议下边境保护措施的实体和程序规则，并得出了对规则进行利弊取舍的启示。❷ 完善专利代理行业管理，一方面减少专利代理人考试应试者过重的负担，另一方面对具备专利代理人资格人员从业进行登记，禁止未加入专利代理人协会者开展专利代理业务。❸ 建立一个专门审理专利案件的高级法院，同时规定法院在审理专利侵权案件时可以一并确认专利权的效力。❹ 或建立专门的专利上诉法院，在级别设置上为高级人民法院。❺

以上研究均为我国专利激励制度的改进提供了具体的参考途径，但限于篇幅或者文章重点，对于专利激励制度改进内容未有全面的论述，且欠缺系统性，有待进一步深入研究。

---

❶ 吴欣望：《专利行为的经济学分析与制度创新》，载《经济评论》2003 年第 4 期。
❷ 杨艺文：《知识产权保护国际化比较研究》，中国政法大学博士学位论文，2009 年。
❸ 郑友德等：《美国、欧盟、亚洲各国专利代理制度现状及发展研究》，载《专题探讨》2007 年第 2 期。
❹ 王鹏：《中国专利侵权法律制度的经济学分析》，辽宁大学博士学位论文，2008 年。
❺ 宋伟等：《论我国专利行政诉讼的优化》，载《科技与法律》2012 年第 3 期。

第一章 我国专利激励制度的理论基础

第一节 "专利激励制度"的概念界定

一、我国专利激励制度的产生背景

"专利"一词，本意为专有的权利和利益，我国古已有之。如《左传》记载："若将专利以倾王室，不顾楚国，有死不能。"其意为私利，也即私人利益；如汉代《盐铁论》所述："古者名山大泽不以封，为天下之专利也。"其意为垄断，也即独家占有。此两者皆为现代"专利"一词的渊源，当然，也可能是由拉丁语"Litterae patentes"翻译而来。

"激励"一词，源自心理学术语，意指持续激发人的动机的心理过程；同理，通过惩罚来减弱或消退人的动机，从而抑制某种行为的心理过程称为负激励。专利制度从创立之初，就与激励密切相关。美国前总统林肯曾言："专利制度就是给天才之火添加利益之油。"这一名言成为专利激励理论最好的诠释——专利制度通过赋予权利人排他使用权，作为其从事可续技术开发并进行传播的回报，进而激励更多发明创造，促进科技进步和经济发展。随着经济全球化的到来，专利制度已为全球绝大多数国家接受。

以语义观之，我国古代的"专利"一词更多偏重于利益的分割，与技术或激励实际上关系不大，真正与技术或激励发生关联的近代专利制度却是来源于西方——威尼斯统治者曾要求专利权人在当地实施技术，并将技术传授给当地相同领域的工匠，这些工匠则承担保密义务。❶ 从激励的角度观察，当时西方统治者的关注点在于技术的实施，激励的目的在于引入先进技术。当时作为被引进的技术，并不一定要求是世上尚未公开的，只要是对统治地域存在价值即可。可见，在当时，专利授权并不要求向公众公开未知技术。统治者的义务是保护专利权人的垄断权，获得的利益是统治地域内的经济和技术的进步。有学者认为这是一种间接公开技术。❷

随着生产力的发展，统治者逐渐意识到仅仅实施专利技术并不足以满足其统治领域下社会的需要，由于专利权人更倾向于维持专利产品的稀缺性以获得较高利润，因此尽量保持技术秘密的不扩散和怠于生产变成了其最优选择。与此同时，统治者们对专利授权对价的认识也发生了变化，技术公开逐渐成为其关注焦点，并进而形成了现代的专利制度——英国女王逐渐认识到授予专利的对价不是实施发明，而是向公众传播新的技术。❸ 1911 年美国的判例中专利被表述成为"一个契约，这个契约是政府与申请人之间通过要约与承诺的方式实现的，申请人向政府发出公开技术发明的要约，政府承诺保证其享 17 年的专有使用权和销售权"❹。该判决构成了近代专利制度的典型表述，也即政府利用排他使用权作为激励，换取专利申请人的技术公开。一百多年来，该典型表述意义下的专利激励机制在推动创新和发展经济、社会进步中发挥了巨大的作用，并随着经济全球化的到来，逐步为全世界人们所理解和接受。

公众对专利的认识不断深入，专利制度也不断发展深化，企业间的技术竞争逐渐演化为国家间的专利竞争。随着国际知识产权协议的签订，专利的跨国保护成为现实，专利在推动国内经济科技发展，国际贸易交

---

❶ 郑成思：《知识产权法——新世纪初的若干研究重点》，法律出版社 2004 年版，第 147 页。

❷ 和育东：《专利契约论》，载《社会科学辑刊》2013 年第 2 期。

❸ Edward C. Walterscheid：" The Early Evolution of the United States Law：Antecedents（Part 3）"，Journal of the Patent and Trademark Office Society，October，1995，pp. 771 – 792.

❹ Century Electric Co. v. Westinghouse Electric& Mfj. Co.（191 Fed. 350，354，1911），转引自吕炳斌：《专利契约论的二元范式》，载《南京大学法律评论》2012 年第 2 期。

流的同时，也使得国际的科技经济竞争越发激烈。随着 2001 年我国加入世界贸易组织（WTO），专利制度对于我国而言，也不再仅仅是一个促进科技经济发展的制度，而是参加国际贸易必须遵循的规则。我国当时的专利申请授权状况在国际专利竞争中处于明显的弱势地位，如果没有新的激励手段加以扭转，未来中国本土的专利产出将持续走弱，技术进出口的逆差将随着时间的推移而扩大，最终严重拖累中国的科技及经济发展。

正是在这种背景下，制度设计者意识到，为了更好应对竞争，一方面需要增强专利法本身内蕴激励的力度，另一方面还需要在专利法律法规外增添新的激励内容，扩充到专利激励的内涵中去，以形成更强有力的专利激励机制。故此，我国一方面不断完善现行专利法律法规，另一方面辅以一系列其他法律、行政法规、部门规章、地方性法规及其他规范性文件、司法解释等，不断扩大我国专利激励机制的内涵，以此形成我国独特的专利激励制度，以期推动专利的产出和运用。

二、专利制度与专利激励制度之辨析

专利激励制度属于"广义"专利制度的一部分。所谓"广义"专利制度是指所有与专利相关的制度，其显然是相对于"狭义"或"核心"专利制度而言的，从制度学的角度来说，"广义"或"狭义"（核心）均是按照制度内容体系的类型进行划分的。根据国家知识产权局发展研究中心研究员毛昊❶的观点，所有与专利相关的制度大体可分为三个系统，分别涉及专利本身的产生、存在及运行等不同层面，它们包括专利形成的本体制度（又称核心制度、"狭义"专利制度），专利运用的行政管理制度及专利的配套制度（又称边缘制度）。从这个角度，专利激励制度分别包含在核心专利制度和边缘专利制度之中。

---

❶ 毛昊：《试论我国专利政策：特征、问题与改革构想》，载《科技与法律》2016 年第 1 期。

（一）专利制度内容体系的划分

1. 本体制度

专利形成的本体制度是主要着重于专利产生、形成及保持的制度，其法律渊源来自《专利法》《专利实施细则》和《专利审查指南》等法律法规及规范性文件、司法解释，集中于专利的审查、复审和无效环节。本体制度可以从三个方面进行研究，首先是专利权的确权方面，包括专利审查的流程、标准、周期、质量控制、审查资源、专利代理人等制度；其次是专利权利救济方面，包括了专利无效、复审及审判制度；最后是专利的附属制度，包括专利权归属制度、信息公开制度、收费制度、许可制度等。

2. 专利运用的行政管理制度

专利运用的行政管理制度侧重点在于专利权形成后的运行。其关注点在于专利制度如何在国民经济体系中发挥最大效用。专利的运用是实现专利市场价值的基础，也是目前国家最为关注的专利政策要点，主要包括：专利与知识产权标准化政策（贯标），质押融资、保险与资产评估，专利行政保护，专利产业化及专利运营，高新技术开发区，各类知识产权强省、强市、强县、园区、集聚区等国家专利战略推进制度。

3. 专利的配套制度

专利的配套制度带有强烈的政府推动的色彩，其要义在于单一专利制度难以解决企业生存发展的所有基础要素，通过配套政策能更好地实现专利的作用。故而试图通过金融、人才、税收、政府采购等配套制度共同促进专利运用。涉及专利管理部门和其他部门的资源整合，如职称评定，专利申请有奖等多个项目。旨在进一步提升劳动、资本、信息、知识、技术、管理的效率和效益。

（二）核心专利制度和边缘专利制度的关系

专利本体制度是专利制度的核心部分，又称核心专利制度，也是前文所指的"狭义"专利制度。狭义的专利制度从制度层级上划分，可以分为元制度、基本制度和具体制度；从专利权的权利归属类型上划分，可分为确权制度、用权制度和维权制度；按照知识产权制度类型划分，则可以分解为创造、管理、运用、保护等不同制度。其决定了专利制度的基本性质功能，所谓专利制度内蕴的激励因素也主要来源于这一部分。

专利运用的行政管理制度和专利的配套制度可以称为专利制度的边缘部分，又称"边缘"专利制度，其与"狭义"专利制度共同构成广义的专利制度。边缘专利制度的法律渊源主要来源于其他的法律、行政法规、部门规章、地方性法规及其他规范性文件、司法解释等，有异于"狭义"专利制度主要来源于如《专利法》《专利实施细则》和《专利审查指南》等与专利直接相关的渊源。其存在的主要目的不在于如何运行专利制度，而在于实现其他政治、经济、文化、科技目的。

（三）专利激励制度与专利制度之辨析

专利激励制度属于"广义"专利制度的一部分，为"广义"专利制度中含有激励因素的制度之和，其散见于核心专利制度和边缘专利制度的条款之中。或言之，其既包括"狭义"专利制度中内蕴的激励功能，也包括边缘专利制度的外来激励部分。既包括促进科技经济发展的激励，也包括鼓励专利申请人申请专利的激励。

以激励视角观察"狭义"专利制度，"狭义"专利制度在本质上就是制度设计者为促使社会成员努力提供"知识"而使用的激励机制。如果将"狭义"专利制度看作一个体系，这个体系由多种因素相互影响，最终输出"推动创新和发展经济、社会进步"的结果；那么以体系作为分界线，激励因素可分为体系内和体系外，也即所谓内生性及外生性两类影响因素。

鉴于激励是经济学的概念，我们同样借用经济学的概念"内生性"和"外生性"来作解释，"内生性"原是指体系内的变量引起输出函数的变化，"外生性"原是指体系外变量引起输出函数的变化。我们将蕴藏在某一体系内的激励，称为"内生性"激励或"内蕴"激励功能，而将体系外的激励称为"外生性"激励或"外来"激励功能。在考察专利制度这一整体时，我们以"狭义"专利制度为界，将"狭义"专利制度体系内的因素称为"内生性"激励，如现行制度下的"排他使用权"等。同样我们将处在"狭义"专利制度体系外（属于边缘专利制度）的因素称为"外生性"激励，如现行制度下的"申请专利可获得相关补贴"等。

域外相关国家或地区的专利申请多由市场推动，因此专利激励多由"内蕴"激励功能发挥作用，专利激励以"狭义"专利制度为主，边缘专利制度为辅。而我国专利制度起步较晚，为了应对国际竞争，追赶发达国家的步伐，不得不通过知识产权战略，以推动专利事业的发展。因此我国专利申请量与日俱增的原因很大程度上来源于政府的推动。故而，在"狭义"专利制度的"内生性"激励制度基础上，我国现行着重点在于边缘专利制度的"外生性"激励，或言之，就本书形成之时，我国专利激励以边缘专利制度的激励为主。

从内容观察，以"狭义"专利制度为界，可将专利激励分为"狭义"专利制度的"内生性"激励和边缘专利制度的"外生性"激励两部分。或言之，专利激励制度具有"二元性"。总的来说，从时间上看，"内生性"激励随着"狭义"专利制度的建立而自始存在，而"外生性"激励则多由政府临时推动；从持续性上看，"内生性"激励由专利权所规定的期限及存续时间确定，"外生性"激励多是几年或十几年的阶段性激励措施；从法律渊源上看，"内生性"激励多源自与专利法直接相关的法律法规的规定，而"外生性"激励多来源于其他法律法规、部门规章、地方性法规和其他规范性文件。

三、"专利激励制度"之概念合规性辨析

有学者认为，专利激励制度应当专指外部因素对专利制度的激励，或言之，核心专利制度内蕴的激励功能不应当列入专利激励制度的考察范围，只有排除专利制度内蕴的激励功能之后，发源于专利制度体系外，施加于发明人身上，起到促进发明人申请专利作用的激励制度，才能称为专利激励制度。

对此，笔者认为有待商榷，从制度法理学的角度，温伯格认为："法

律是一种特殊类型的事实，即塞尔所说的制度性事实。"**❶** 刘同苏认为："法律应当以人作为前提，与实践有密不可分的关系，由于制度性事实正是以其内在的目的性区别于纯物理事实，因此法律无法把目的排除于自身之外。"**❷** 借用温伯格的观点，"因为法律原则和法律制度的目的在法律实践中确实发挥着现实作用，所以必须把法律领域里的这些要素视为法律现实的构成部分"**❸**。因此，在判断一个实在法体系的时候，除了对法律规则进行考虑之外，还应当将法的"目的"和"价值"都纳入考察的范畴。法律作为一种社会规范，其存在是为了满足人的社会需要，因此法律体系的设计必须遵循人类学结构进行。

制度法理学认为，判断一事物是否为现实并不在于其是否具有实体形式，而是应当依据其是否在现实过程中发挥必不可少的作用或功能，或成为必要内在因素来判断。因此，对于法律体系的观察，可以从实体上对法律规则进行把握，而对法律原则和法律目的，则应当通过其在法律现实中发挥的作用或履行功能进行判断。

从制度法律学角度观察专利激励制度的"二元性"，无论是"内生性"激励制度还是"外生性"激励制度，其法律目的和原则都是高度一致的。二者的法律原则都是试图通过某种形式的激励，短期目的在于鼓励发明人进行专利申请并公开技术，长期目的在于推动科技和经济的发展。立足于专利激励的法律体系，作为法律规则的指导思想、基础或本源的、综合的、稳定的法律原理和准则，两者颇具异曲同工之妙。同理，虽然"内生性"激励制度和"外生性"激励制度的法律渊源、法律位阶不同，生效期限不同，侧重点不同，但从法律规则的角度观察，其均是经过国家制定或认可的规范，用于命令、允许和禁止人们行为或活动，归属于专利制度之中，两者并无二致。

---

❶ 温伯格：《超越法律实证主义与自然法理论》，载《法的制度理论》，D. 里德尔出版公司1985 年版，第 118 页。

❷ 刘同苏：《制度法理学评述》，载《法学研究》1991 年第 2 期。

❸ 温伯格：《超越法律实证主义与自然法理论》，载《法的制度理论》，D. 里德尔出版公司1985 年版，第 117 页。

故而，"内生性"激励制度和"外生性"激励制度均从属于一个统一的专利激励制度，成为一个制度下两个并行不悖的组成部分，是符合制度法理学规则的。从常理而言，二者尽管侧重点不同，却都是专利制度的一部分，具有相同的目的，都是通过激励方式，作用于专利权人这一对象，并且起到相同的促进作用。当然，随着时间推移，专利激励制度在不断进化，"狭义"专利制度的体系边界也在变化，所谓"内生性"与"外生性"的边界也随之变化，但并不影响专利激励制度这一概念的合规性。

第二节 我国专利激励制度的内涵和特征

正如前文所述，专利激励制度是"广义"专利制度的一部分，由整个专利制度中含有激励因素的条款组成。但从制度学而言，所有的制度都带有特定的正激励或负激励作用，作用于激励制度的受众，并引导受众按照制度设计目的进行社会活动。因此界定专利激励制度的内容，不能简单地将专利制度中带有激励性质的子制度都纳入，需要遵循专利激励制度的创设目的，并识别中国专利制度中含有激励功能的多个维度，选择对专利生成、运行等方面具有直接激励功能的维度纳入专利激励制度之中，以此构建专利激励制度的内涵。

一、专利激励制度的内涵

如前文所述，"广义"的专利制度可以分为本体制度、行政管理制度和配套制度。审视整个专利制度，在专利本体制度中，首先带有明显激励性质的部分有专利审查流程、质量控制等与专利权利确定方面有关的激励，这些可以归结为专利授权维度的激励；其次是包括了专利无效、复审及审判制度等与专利权利救济方面有关的激励，这些可以归结为专利保护维度的激励；最后，是专利收费制度中的减缓程序，以降低费用来促进专利申请，这可以归结为专利促进维度的激励。而在专利行政管理制度中，专利行政保护同样是有关权利救济方面的激励，可以归结到专利保护维度的激励；而专利运用，各级政府的专利战略制度等可以归结为专利促进维度的激励。在专利配套制度中，主要是通过如金融、人才、税收、政府采购等配套制度促进专利运用；涉及专利管理部门和其他部门的资源整合，如职称评定、专利申请有奖等项目，多数可以归结为专利促进维度的激励。

考察专利激励制度的分类，也可以借鉴专利制度的分类，如前文所述，专利激励制度包括"狭义"专利制度的"内生性"激励和边缘专利制度的"外生性"激励两部分，具有"二元性"。

以"内生性"激励为例，其涵盖专利确权、用权、维权的各个层面，从专利的创造、管理、运用、保护的角度分别加以激励。首先是专利权的确权方面的激励，包括专利审查的流程、标准、周期、质量控制、审查资源、专利代理人等制度中的激励成分，如专利授权门槛降低则激励增强；其次是专利权利救济方面的激励，包括了专利无效、复审及审判制度的激励成分，尤其值得注意的是其中的司法保护制度，如司法保护力度加大则激励增强；最后是专利生成促进方面的激励，包括专利权归属制度、信息公开制度、许可制度的激励成分等，如专利申请的收费减缓制度，减缓力度加大则激励增强。

以"外生性"激励为例，其涵盖专利运用的行政管理制度和专利的配套制度中的激励成分。专利的运用核心在于专利权形成后的运行，关注于专利制度如何在国民经济体系中发挥最大效用；而专利的配套制度能够解决企业生存发展中的基础要素问题，从而更好地实现专利的作用。如在研发阶段，国家对重点研发项目设置了各种科技发展计划及资助，通过财政资金支持专利权人的科技研发；在申请阶段，存在各种专利减缓、报销、补助、奖励甚至惩罚制度来促进发明人主动申请专利；在专利保护阶段，司法和行政的专利保护双轨制具备强烈的中国特色；在市场化阶段，国家也通过采取如专利奖、知识产权优势企业、专利密集型产业聚集区、专利产业化工程、专利技术交易平台、重大科技活动等行政措施来促进专利转化实施与产业化，这是专利促进层面的激励。可以这么说，在整个"外生性"激励层面，除了专利的行政保护属于专利保护维度的激励之外，大多属于专利促进维度的激励。

综上所述，从对内涵进行分类而言，专利激励制度可以概括为三个维度：专利授权维度的激励、专利保护维度的激励、专利促进维度的激励。

二、我国专利激励制度的特征

从制度发生学角度观察，世界各国专利制度的形成不外乎两种路径：一是自然演进，二是政府推进。"进化理性主义认为制度的源起并不在于构设或设计，而在于成功且存续下来的实践"❶；而建构论理性主义认为，人类可按照某种生活的理性设计来重新建构或者彻底改变所存在的制度。❷纵观世界各国专利制度的建立，西方发达国家专利制度的形成顺应其政治、经济、文化的发展趋势，政府将这种趋势固定化成为制度，可以类比于进化理性主义；而我国专利制度的形成与其说是自然演进，不如说是应对西方发达国家的知识产权战略，被迫参与科技竞赛的需要。因此，我国专利制度更加类似于建构论理性主义，其主要是在政府的推动下进行的。

"狭义"专利制度的激励模式，多是以法律制度形式，赋予创新者对其智力成果在一定时期内的独占性权利，从而推动创新的一种激励性制度安排，所谓"利益之薪"主要来源于市场。西方先进国家的专利激励模式，多数是采用"狭义"的专利制度的激励模式，主要依靠市场激励的方法，对专利的保护尤为重视，强调对独占权的尊重，行政权力的运用只在于授权时的审查，对于专利权人在研发、申请、保护、市场化阶段的直接扶持和资助较少。而我国专利制度由于创设的背景与国际先进国家不同，面对西方发达国家的知识产权战略和科技竞赛的压力，单凭我国专利制度

---

❶ ［英］弗里德利希·冯·哈耶克：《自由秩序原理（上）》，邓正来译，生活·读书·新知三联书店1997年版，第61-68页。

❷ 宁立志等：《专利的竞争法规制立法论纲》，载《河南师范大学学报（哲学社会科学版）》2017年第1期。

本身内蕴的激励功能不足以应对挑战。为了在尽可能短的时间内，使社会公众认识专利制度、利用专利制度，进而产生更多科技创新成果，利用边缘专利制度的激励模式被政府寄予厚望。各级政府纷纷出台更多新的激励政策措施，对科技创新进行行政干预和扶持。这些激励政策措施属于边缘专利制度，更多依赖政府行政奖励，打破了传统专利制度从市场获得利益的激励机制，形成了激励模式的多元化。

故而我国专利激励制度从创设之初便被赋予构建论的属性，带着强烈的行政色彩，从激励理论来看，激励的内容越多，创新者被赋予的利益就越大，其进行创新的动力也就越高，对社会所贡献的创新知识也就越多。政府对于专利创造激励模式的多元化，固然激发了专利主体进行技术研发投入的积极性，也不失为现阶段促进专利发展的一种选择，然而，任何选择都是有成本的，专利激励制度的选择亦然。

专利激励制度的多元化必然导致技术创新目标的多元化，在刺激专利增长的同时，终将难免产生如专利"量大质低""非正常申请""专利权滥用"等不良后果，导致激励制度出现异化，严重影响社会科技创新环境和市场自由公平竞争，偏离了制度设立的初衷。

第三节 我国专利激励制度的法律渊源

自我国正式建立专利制度30多年来，专利数量由不尽如人意转变至呈现井喷之势。根据世界知识产权组织（WIPO）于2016年1月公布的《世界知识产权指标》（2015年度）报告显示，2014年全球约1/3发明专利申请来自中国，已经超过紧随其后的美、日两国发明专利申请数量之和。❶ 30多年来，专利申请从无到有，专利申请量增速不断加快，专利激励制度

---

❶ 国家知识产权局：《2015年度世界知识产权指标发布》，来源：国家知识产权局网站，访问网址：http://www.sipo.gov.cn/zscqgz/2016/201601/t20160120_1231078.html，访问时间：2016年6月17日。

的推动作用功不可没。

值得注意的是，我国专利激励制度的法律渊源与西方发达国家主要来源于核心专利制度的法律渊源迥然不同，其同时来源于核心专利制度和边缘专利制度，且两部分比重不分轩轾，旗鼓相当。

一、"内生性"激励制度的法律渊源

（一）国内法渊源

在中华人民共和国成立初期，我国曾经颁布了一些与专利、技术相关的法规，如 1950 年颁布了《保障发明权与专利权暂行条例》，1963 年颁布了《发明奖励条例》和《技术改进奖励条例》等，党的十一届三中全会后又颁布了《专利法》及其实施细则等法律法规。随着改革开放的不断深入，为适应国际贸易的需要，我国签订了多个国际知识产权协议，加强与国际知识产权制度的接轨，在全面按照各个国际协议要求对原有专利法律法规进行修改的同时，加快新法律法规的立法，以使我国的专利制度能够满足 WTO 的基本要求。

总的来说，我国专利激励制度的国内法渊源不仅来自法律，还包括行政法规、部门规章、地方性法规及其他规范性文件、司法解释。法律层面主要包括：1984 年的《专利法》（1992 年 9 月 4 日第一次修正；2000 年 8 月 25 日第二次修正；2008 年 12 月 27 日第三次修正）；行政法规层面主要包括《专利法实施细则》；从专利行政的部门法规而言有《专利审查指南》《专利代理管理办法》《专利代理惩戒规则（试行）》等；司法解释层面主要包括：最高人民法院的司法解释如《关于审理专利纠纷案件适用法律问题的若干规定》《关于审理侵犯专利权纠纷案件应用法律若干问题的解释（二）》以及《关于对诉前停止侵犯专利权行为适用法律问题的若干规定》等。至于地方性法规及其他规范性文件受制于各地发展差异，相关制度不尽相同。以广东省为例，2012 年广东省委省政府颁布了全国首个以政府名义对知识产权强省建设进行规划和部署的文件——《关于加快建设知识产权强省的决定》，之后便制定了全国首个有关展会专利保护的地方法规——《广东省展会专利保护办法》，修订了《广东省查处生产销售假冒伪劣商品违法行为条例》。

从内容观察上，2012年广东省委省政府的《关于加快建设知识产权强省的决定》已经出现了不少"外生性"激励的制度安排。综合来看，我国大部分法律、国务院法规、部门规章、司法解释还是比较注重专利的申请、授权、权利保护，偏重于对专利权人在市场竞争层面的保护，其一方面通过审查专利申请人公开的技术，以确定专利权的授予；另一方面通过保护专利权人的排他使用权以确保其获得垄断利益，属于"内生性"激励的制度安排，这与国际法渊源的激励目标类似；而大多数法律效力位阶较低的地方性法规及其他规范性文件则比较侧重于专利的管理、运用以及科研的投入促进，侧重于"外生性"激励的制度安排，与国际法渊源所秉持的激励价值目标存在较大的差异。

（二）国际法渊源

我国专利激励制度的国际法渊源主要来自我国政府与世界各国签订的协议。为参与国际贸易，我国先后加入了《成立世界知识产权组织公约》（The Convention Establishing the World Intellectual Property Organization，简称 WIPO 公约），签订了国际上几乎所有的保护知识产权公约，并且与多国签订了知识产权双边协定。如《保护工业产权巴黎公约》（Paris Convention for the Protection of Industrial Property，简称《巴黎公约》）、《专利合作条约》（Patent Cooperation Treaty，PCT）、《国际承认用于专利程序的微生物保存布达佩斯条约》（Budapest Treaty on the International Recognition of the Deposit of Microorganisms for the Purposes of Patent Procedure，简称《布达佩斯条约》）、《建立工业品外观设计国际分类洛迦诺协定》、《国际专利分类斯特拉斯堡协定》、《与贸易有关的知识产权协议》（Agreement on Trade - Related Aspects of Intellectual Property Rights，简称 TRIPS 协议）等。

《巴黎公约》于1883年3月20日在巴黎签订，旨在保证任一成员国的工业产权在所有其他成员国都得到保护，该公约与《保护文学艺术作品的伯尔尼公约》（以下简称《伯尔尼公约》）是构成知识产权世界保护的两个"基本法"。中国于1985年3月19日加入该公约，在加入书中声明对公约第28条第1款保留。同年4月1日，《中华人民共和国专利法》正式实施。

WIPO公约由《巴黎公约》与《伯尔尼公约》两个国际公约合并而来，于1967年7月14日在斯德哥尔摩签订，该公约的宗旨是通过建立世界知识产权组织，加强各国间的合作，并与其他国际组织进行协作，以促进在世界范围内保护知识产权，同时保证各知识产权同盟间的行政合作。WIPO公约涵盖了关于文学、艺术和科学作品的权利；关于表演家的演出、录音和广播的权利；关于人们在一切领域的发明的权利；关于科学发现的权利；关于工业设计的权利；关于商标、服务商标、厂商名称和标记的权利；关于制止不正当竞争的权利；以及在工业、科学、文学或艺术领域里的一切来自知识活动的权利。公约的实质性条款规定了建立世界知识产权组织的各项问题，对该公约不允许有保留。

《专利合作条约》于1970年6月19日由35个国家在华盛顿签订，是《巴黎公约》下只对《巴黎公约》成员方开放的一个特殊协议，是一个主要涉及专利申请的提交、检索和审查以及其中包括的技术信息的传播的合作性和合理性的条约，是《巴黎公约》的补充。

TRIPS协议于1994年1月1日签订，旨在减少国际贸易中的扭曲和障碍，促进对知识产权充分、有效保护的同时保证知识产权的执法措施与程序不至于变成合法的障碍。其涉及的知识产权包括：著作权及其相关权利、商标、地理标记、工业品外观设计、专利、集成电路布图设计、对未公开信息的保权和对许可合同中限制竞争行为的控制。TRIPS协议对知识产权的可获得性、范围及行使标准、施行、获得与维持程序、纠纷的预防及解决等均作了详细规定，主要内容有以下几点。第一，司法复审制度。对于行政决定及初审司法判决，诉讼当事人有权提请司法复审。第二，民事程序。保证当事人的诉讼权利，包括聘请律师的权利，对隐私和秘密保护的权利等。第三，损害赔偿责任，即侵权当事人应依判决赔偿权利人损失，进行补偿。第四，临时保护措施。有关司法或行政部门应根据情况采取诉前禁令、财产或证据保全等措施，防止财产灭失、进一步毁损和证据灭失等后果。第五，边境管制，也即海关对知识产权产品的监管措施等。

无论是《巴黎公约》、WIPO 公约、《专利合作条约》、TRIPS 协议乃至于其他协议，国际法渊源似乎比较注重专利的审查、授权或者保护，侧重于"内生性"激励的制度安排。换言之，专利激励制度的国际法渊源多与"内生性"的激励相关。

二、"外生性"激励制度的法律渊源

我国专利"外生性"激励制度来源于边缘专利制度，散见于民事、行政、刑事等多部法律、行政法规和几百部地方性法规、规范性文件之中，卷帙浩繁，插架万轴。其多为地方性法规及其他规范性文件，法律效力位阶较低，生效范围较窄，有效时间较短，且多数并未上网传播，仅保留于各级地方政府部门的档案文件内，无法一一探寻。笔者在此仅撷取部分资料，予以说明。

（一）行政法规、部门规章和地方性法规

从行政法规、部门规章和地方性法规角度观察，2008 年国务院发布了《国家知识产权战略纲要》，2015 年发布了《国务院关于新形势下加快知识产权强国建设的若干意见》，2016 年国家知识产权局印发了《关于加快建设知识产权强市的指导意见》。而在此之前，2012 年广东省委省政府颁布了全国首个以政府名义对知识产权强省建设进行规划和部署的文件——《关于加快建设知识产权强省的决定》，其中均包含大量"外生性"激励的制度安排。从规范性文件层面而言，广东省先后出台了如《发明专利申请资助办法》《广东省知识产权优势模范企业认定办法》《广东省专利奖励办法》和《广东省重大经济和科技活动知识产权审查与评议暂行办法》等多个规范性文件，而广州市、深圳市、东莞市等也相继出台了如《广州市专

利工作专项资金管理办法》《深圳市知识产权专项资金管理办法》《东莞市专利促进项目资助办法》等规范性文件。

（二）政策性文件

从政策层面而言，全国各地的专利激励政策更是层出不穷，同样以广东为例，其制定了《实施广东省知识产权战略纲要工作方案》和《广东省深入实施知识产权战略推动创新驱动发展行动计划》等工作计划或者方案，发布了《关于实施商标品牌战略的指导意见》《关于加快科技创新的若干政策意见》《关于加快推进知识产权质押融资工作的若干意见》和《关于促进我省知识产权服务业发展的若干意见》等指导性文件。目前为了激励专利的创作、运用、管理、保护，从中央到地方各级政府都出台了相当多的措施来推动，新的力度更大的专利政策不断涌现，虽然具体政策措施、资助方式、授予主体、资助额度等激励方式和力度因地而异，但以管窥豹，笔者试作如下归纳。

1. 专利可以作为职称评定加分因素

如湖北卫生人才网公布的《关于报送 2015 年度卫生技术正高级职务任职资格评审申报材料有关事项的通知》（鄂卫高评办〔2015〕4 号）中第 5 条第 5 项❶；又如《辽宁省人民政府办公厅转发省知识产权局关于加强专利工作提高自主创新能力实施意见的通知》（辽政办发〔2009〕110号）中的第 1 款第 5 条❷等，即政府通过各类法规性文件规定了专利可以用作职称评定中的加分项。

---

❶　原始数据来源：湖北卫生人才网，访问网址：http://www.hbwsrc.cn/news/show - 587.html，访问时间：2016 年 12 月 10 日。

❷　《辽宁省人民政府办公厅转发省知识产权局关于加强专利工作提高自主创新能力实施意见的通知》（辽政办发〔2009〕110 号）第 1 款第 5 条规定："引导高等学校和科研院所逐步建立有效运转的知识产权工作体系。教育、科技等政府有关部门要将知识产权创造、运用、保护、管理情况作为对高等学校、科研院所的资质评审、科研能力评价、绩效考核的重要指标；支持高等学校、科研院所将取得知识产权数量和质量、运用情况纳入对教职员工、科研人员职称评定、职级晋升等的考核指标体系，增加知识产权在科研业绩中的权重。"访问网址：http://xuewen.cnki.net/CJFD - LNRB200921007.html，访问时间：2016 年 12 月 10 日。

2. 专利可以作为居民落户加分因素

如《上海市教育委员会、上海市发展和改革委员会、上海市人力资源和社会保障局关于做好 2016 年非上海生源应届普通高校毕业生进沪就业工作的通知》等规定，专利可用于作为迁入户口的加分项，而《2016 年天津市积分落户细则》中更表明，拥有有效的中国发明专利，天津积分落户可加 20 分，其已成为中国各大城市迁入户口评定中专利加分最有力的城市。

3. 专利可以作为服刑人员减刑加分因素

根据《中华人民共和国刑法》（以下简称《刑法》）第 78 条的规定，被判处管制、拘役、有期徒刑、无期徒刑的犯罪分子，在执行期间有发明创造或重大技术革新的，可以视为重大立功表现而予以减刑❶；而根据《中华人民共和国监狱法》（以下称《监狱法》）第 29 条❷的规定，被判处无期徒刑、有期徒刑的罪犯在服刑期间有发明创造或重大技术革新的，同样应当视为重大立功表现而予以减刑；而根据中央政法委出台的《关于严格规范减刑、假释、暂予监外执行，切实防止司法腐败的意见》，还指定必须是发明专利，实用新型专利和外观设计专利不能用于减刑。❸ 而根据《中国青年报》报道，不少服刑人员因在狱中进行发明创造而获得减刑的现象并不少见，甚至为服刑人员提供发明专利助其减刑的机构渐趋规模化、专业化。

4. 专利可以作为学校招生加分因素

国务院发布的《国务院关于基础教育改革与发展的决定》❹ 第 25 条中

❶ 《刑法》第 78 条规定，被判处管制、拘役、有期徒刑、无期徒刑的犯罪分子，在执行期间，如果认真遵守监规，接受教育改造，确有悔改表现的，或者有立功表现的，可以减刑；有下列重大立功表现之一的，应当减刑：……（三）有发明创造或者重大技术革新的……

❷ 《监狱法》第 29 条规定，被判处无期徒刑、有期徒刑的罪犯，在服刑期间确有悔改或者立功表现的，根据监狱考核的结果，可以减刑。有下列重大立功表现之一的，应当减刑：……（三）有发明创造或者重大技术革新的……

❸ 中央政法委出台的《关于严格规范减刑、假释、暂予监外执行，切实防止司法腐败的意见》规定：拟按法律规定的"有发明创造或者重大技术革新"认定为"重大立功表现"的，该发明创造或者重大技术革新必须是该罪犯在服刑期间独立完成并经国家主管部门确认的发明专利，且不包括实用新型专利和外观设计专利。

❹ 资料来源：法律图书馆，访问网址：http：//www. law - lib. com/law/law_view. asp？id = 15339，访问时间：2016 年 12 月 10 日。

规定："在科学研究、发明创造及其他方面有特殊才能并取得突出成绩的学生，免试进入高等学校学习。"明确规定了专利可以作为学校直接招生的因素；而随着教育部颁布的全国 22 所高校高考自主招生政策，全国多所重点大学纷纷出台了自己学校的自主招生政策，并将发明专利作为学校招生的加分因素。

5. 专利成为企业资质认定关键因素

根据我国《高新技术企业认定管理办法》第 2 条的规定，高新技术企业需形成企业核心自主知识产权；在第 11 条第 2 款更指出企业要有其核心技术的知识产权的所有权；而在《高新技术企业认定评分标准》❶ 中，在总分是 100 分，70 分达标的标准下，更明确规定知识产权分值为 30 分。在实际工作中，上述这些条款中的知识产权大多是指专利，只有极少数是指电路的著作权，与商标权没有任何关系。除了高新技术企业之外，其他相当多的企业资质认定，如知识产权优势企业、知识产权示范企业等，也无不与专利数量挂钩。

6. 专利成为质押融资客体

一直以来，由于专利的价值不易确定，所以银行较少单独使用专利等无形资产作为融资的质押物，更多是与有形资产结合起来质押融资，用于提高有形资产的质押融资比例。但近年来，由于专利的质押融资成为一些地方政府的推动重点，不少专利开始单独成为融资的抵押物，根据国家知识产权局统计，在 2015 年，全国新增专利权质押金额 560 亿元，涉及2000 余家企业；❷ 而根据凤凰资讯报道，2016 年 1～10 月，单仅重庆市的专利质押融资便超过 7.5 亿元。❸

---

❶　资料来源：高新技术认定网，访问网址：http：//www.kbosschina.com/faq/gjgx/170.html，访问时间：2016 年 12 月 10 日。

❷　资料来源：国家知识产权局官网，访问网址：http：//www.sipo.gov.cn/zscqgz/2016/201601/t20160128_1234421.html，访问时间：2016 年 12 月 10 日。

❸　资料来源：中华人民共和国中央政府网，访问网址：http：//www.gov.cn/xinwen/2016 - 11/24/content_5136970.htm，访问时间：2016 年 12 月 10 日。

7. 专利权可以用作出资或者增资

根据《公司法》的规定，出资方式可以是现金、实物、土地使用权，也可以是知识产权等。专利权经过评估后可以计入无形资产，实际工作中，注册资本中无形资产的最高比例可达70%，即使现行法律法规将注册资本实缴制改为认缴制，工商登记已经不再对无形资产的价值作严格审查，但专利权计入"无形资产"无疑对于企业资产价值评估有利，也对发明人的利润分配有利。

8. 专利权可以用于促进销售

根据2012年3月公布的《专利标识标注办法》❶，专利权人及被许可人可以在专利产品、依照专利方法直接获得的产品、该产品的包装或者说明书上标注专利标识，同时对申请专利仍未获得授权的产品也指示了标注的方法。有不少商家对相关产品进行专利申请，同时在包装上进行标识，以便利用公众认为专利产品具有技术较高、质量较好的心理倾向促进销售。

9. 申请专利可以获得政府奖励

为了推动专利产出，一个最好的激励办法就是直接予以奖励。广东省自2003年起便发布了《广东省发明专利申请费用资助暂行办法》，对专利申请给予资助，2007年用《发明专利申请资助管理办法》取代《广东省发明专利申请费用资助暂行办法》，但仍保留专利申请的资助。❷《东莞市专利促进项目资助办法（修订）》规定，国内发明专利申请进入实质审查后每件资助3000元，获得授权后每件再资助12 000元；市级以下，以东莞市清溪镇发明专利申请为例，其根据《东莞市专利促进项目资助办法（修订）》进行1∶1配套奖励。据此，清溪镇政府对镇内企业发明专利进入实质性审查后每件再奖励3000元、授权后每件再奖励12 000元。另外，还对首次申请专利的，给予每件发明专利额外3000元的奖励。一件发明仅仅进入实质审

---

❶ 资料来源：国家知识产权局官网，访问网址：http：//www.sipo.gov.cn/zwgg/jl/201310/t20131023_837454.html，访问时间：2016年12月10日。

❷ 《广东省知识产权局发明专利申请资助管理办法》，载《广东省人民政府公报》2007年第36期。

查，便可获得最多 9000 元的奖励，授权后还可以获得 24 000 元的奖励。

10. 申报专利联盟可以获得政府奖励

为了鼓励专利的产业化和专利运营，政府对专利联盟等给予奖励。这些激励措施多由市、区这一级别的政府机关发布，如《深圳市知识产权专项资金管理办法》规定了对知识产权产业联盟进行资助，每项不超过 30 万元，每年资助总额不超过 90 万元。❶ 又以广州番禺区的专利联盟奖励为例，其根据《广州市番禺区专利发展资金管理办法实施细则》规定，由 30 家本地企业以上或 20 家（其中 10 家本地企业）以上、200 项发明专利组成专利联盟的，给予一次性奖励 20 万元；专利联盟每扩充 20 家本地企业或注入 100 项发明专利，给予一次性奖励 10 万元。❷

第四节　我国专利激励制度的形成原因

我国《专利法》颁布之初，全国专利申请数量不尽人意。从国家知识产权局的统计数字可知，从 1985 年 4 月 1 日专利制度成立至当年年底，专利申请总量仅为 14 372 件；1986 年，我国专利申请合计总数也仅为 1.8 万件，且其中约三成来源于国外申请人，与 2016 年 346.5 万件的数字比较，简直是天壤之别，而我国 1986 年年底发明授权数量仅为 96 件。即使到了 1994 年年底，也即我国加入世界贸易组织（WTO）前，年专利申请量也仅为 4.3 万件。近 10 年来，我国专利累计申请数量 44 万件，授权 22.3 万件，其中国内发明申请量为 6.76 万件，授权量 1.02 万件，授权率约为 15.1%；而与之对应的，国外发明申请量为 5.1 万件，授权量 1.6 万件，授权率约为 31.4%。❸

---

❶ 数据来源：深圳市市场和质量监督管理委员会，访问网址：http://www.szmqs.gov.cn/scjd/xxgk/tzgg_56389/zscq/201412/t20141218_2761339.htm，访问时间：2016 年 6 月 17 日。

❷ 数据来源：广州市番禺区政府门户网站，访问网址：http://www.panyu.gov.cn/gzpy/bmzjg-fxwj/201503/MRGMGC4AGQR8KE8WH4TTIDO1Q4YTHVLE.shtml，访问时间：2017 年 9 月 10 日。

❸ 数据来源：中华人民共和国国家知识产权局 1994 年专利统计年报，访问网址：http://www.sipo.gov.cn/tjxx/jianbao/1985 – 1999/94/1.1.htm，访问时间：2016 年 6 月 17 日。

瑞士洛桑国际管理发展研究院（IMD）是知名的国家竞争力评估机构，采纳专利数量作为反映一个国家科技进步和国际竞争力的重要指标，根据其评比结果显示，我国的国家竞争力全球排名 1997 年为第 27 位、1998 年为第 24 位、2001 年再次下降为第 28 位。诚然，"巧妇难为无米之炊"，专利数量不足将严重影响国家的竞争力。因此，采取各种措施以激励我国专利数量增长，是在当前历史环境下我国政府的必然选择。

一、专利布局的需要

专利申请人获得专利权，即享有排他使用权，未经专利权人许可，任何人不得为生产经营目的制造、使用、销售其专利产品或使用其专利方法，以及使用、销售依照该专利方法直接获得的产品，这就是专利的市场竞争工具作用。伴随着专利竞争的日益激烈，专利数量的增长和积累，既是"跑马圈地""布雷设阵"，防御竞争对手的需要，也是扩大专利版图，进行专利布局，抢占知识产权制高点的需要。

随着国际知识产权协议的签订，专利的跨国保护成为现实。专利制度在推动国际贸易发展的同时，也使得国际的竞争越发激烈。企业间的技术竞争逐渐升级为国家间的专利竞争，发达国家通过专利战略，占据专利战争的优势地位，并逐步拉开了与发展中国家的距离，从而确保其国际经济统治地位。发达国家的专利战略实现手段通常包含以下两点：一方面通过发展高科技，利用专利垄断产业核心技术，进而利用技术优势占领市场竞争的制高点，以获取高额技术附加值；另一方面通过推动专利制度的国际化，使得发达国家可以利用技术扩散的控制策略，实现对世界各国的技术发展调控，从而巩固其在国际贸易中的主导地位。

从国家战略角度观察，专利制度不仅是一种利用法律和经济手段推动技术进步的管理制度，更是一种企业乃至国家参加国际竞争的管理制度。专利数量的增长被视为我国迈入创新型国家行列必须奠定的重要基础。在加入 WTO 当年，我国在国际专利竞争中处于明显的弱势地位。一般而言，国内外申请人发明专利授权比率差距意味着专利质量的差距。而授权数量则意味着企业间技术交换的流向，由前文数据可知，2014 年，在我国累计授权发明专利的绝对值上，外国公司甚至超过了我国公司。这意味着中国也属于技术输入国，即使在我国境内，外国企业也可以继续挥舞专利大棒打击我国企业。相较于先进国家，我国为知识产权所付出的成本要远远高于从知识产权中获得的收益。从这一点而言，我国专利保护水平较低，是与当时现实形势相适应的。较低的保护水平部分削弱了专利大棒的威力，在一定程度上保护了我国的弱小企业。

因此，为了应对国家与国家之间的专利竞争，我国专利激励制度的创立初心与其说是为了奖励发明、促进创新，倒不如说是迫于发达先进国家的压力的结果。政府意识到如果没有有效的专利激励制度，将导致中国本土的专利产出持续走弱，技术进出口的逆差将随着时间的延长而扩大，最终严重拖累中国的科技及经济发展。正是在这种背景下，我国政府通过推动一系列法律、行政法规、部门规章、地方性法规及其他规范性文件、司法解释，形成了我国独特的专利激励制度，对专利的产出进行推动，并将其列入政府的考核之中。

正是凭借这一系列的激励制度，我国专利申请数量实现逐年大幅上升，乃至在世界专利申请总量中占据半壁江山，如图 1-1 所示❶。

---

❶　根据国家知识产权局截至 2018 年统计数据整理，我国 1985 年以来专利申请量：1985 年 14 372 件，1986 年 18 509 件，1987 年 26 077 件，1988 年 34 011 件，1989 年 32 905 件，1990 年 41 469件，1991 年 24 616 件，1992 年 31 475 件，1993 年 62 127 件，1994 年 43 297 件，1995 年 83 045件，1996 年 102 735 件，1997 年 114 208 件，1998 年 121 989 件，1999 年 134 239 件，2000 年 170 682 件，2001 年 203 573 件，2002 年 252 631 件，2003 年 308 487 件，2004 年 353 807 件，2005 年 476 264 件，2006 年 573 178 件，2007 年 693 917 件，2008 年 828 328 件，2009 年 976 686 件，2010 年 1 222 286 件，2011 年 1 633 347 件，2012 年 2 050 649 件，2013 年 2 377 061 件，2014 年 2 361 243 件，2015 年 2 798 500 件，2016 年 3 464 824 件，2017 年 3 697 845 件，2018 年 4 323 112 件，原始数据来源：国家知识产权局 2018 年统计年报，访问网址：http://www.cnipa.gov.cn/tjxx/jianbao/year2018/a/a2.html，2020 年 8 月 12 日访问。

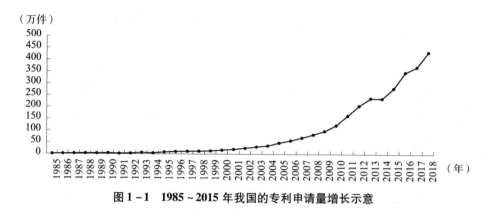

（万件）

图1-1　1985～2015年我国的专利申请量增长示意

从图1-1看来，我国专利申请量大幅增长始于1995-1997年，也即紧接我国加入世界贸易组织（WTO）的几年。随着各类国际知识产权协议的签订和国际间对知识产权保护力度的加强，政府越来越意识到专利对于国际贸易的重要性，专利数量不足，将导致我国企业在进出口贸易中处于极其不利的地位。为了改变这一困境，专利激励制度被提上了日程，并最终产生了强调行政激励的我国特有专利激励制度。从专利申请总量上看，截至2018年年底，中国国家知识产权局共受理发明专利1061.9万件，其中国内申请人869.8万件，国外申请人192.2万件，授权316.8万件，其中国内申请人213.7万件，国外申请人103.1万件；实用新型专利受理量1186.2万件，其中国内申请人1178.9万件，国外申请人7.3万件，授权量832.5万件，国内申请人826.2万件，国外申请人6.3万件❶，到2018年底，经中国国家知识产权局授权并维持有效的发明专利236.6万件，其中国内专利权人166.2万件，国外专利权人70.4万件，国内外比例为70.2%比29.8%，实用新型专利440.3万件，99.0%为国内专利权人所有，外观设计专利为161万件，国内外比例为92.8%比7.2%❷。

---

❶　原始数据来源：国家知识产权局统计信息，访问网址：http：//www. cnipa. gov. cn/tjxx/jianbao/year2018/indexy. html，2020年8月12日访问。

❷　根据国家知识产权局截至2018年统计数据整理统计得出的结果，原始数据来源：中国人民共和国知识产权局官方网站统计信息，访问网址：http：//www. cnipa. gov. cn/tjxx/jianbao/year2018/c/c1. html，2020年8月12日访问。

从 2016 年上半年数据来看，我国已经成为当今世界上的专利大国，彻底地扭转了我国加入世贸组织时的专利弱势局面，从这个角度而言，我国的专利激励制度取得了巨大的成功。

二、产业升级的需要

改革开放以来，我国经济增长较快，但增长主要来自资本和劳动力的投入推动，技术投入对经济增长的贡献度相对较低，呈现粗放型经济的特点。然而随着国际竞争的激烈化，东南亚各国劳动力资本的投入扩大，原材料能源价格上涨，粗放型的经济增长路径已经走到了尽头，陷入滞涨困境，经济转型的压力迫在眉睫。根据《中国企业发展报告（2002）》数据显示，我国 500 强企业和世界 500 强企业对比：一是企业规模普遍较小，平均资产规模只有 6.46%，平均营业收入只有 5.26%；二是劳动生产率水平低，平均人均营业收入、人均利润、人均资产分别只有 12.95%、29.62% 和 1.57%；三是盈利能力差，平均利润水平只有 12.06%；四是创新能力较低，关键技术的开发和应用水平与国际先进水平差距较大，研究开发费用投入少，创新机制亟待建立。

从经济学角度观察，我国当时的经济滞涨困境可以用古典经济学进行解释。古典经济学认为资本与劳动是经济增长的两大要素，由于存在边际递减效应及资源稀缺性，因此认为经济的增长始终是有边界的，这与当时的困境暗合。为了解决当时经济转型的问题，制度设计者急需找到新的实践办法并形成指导理论。从理论角度观察，新古典经济学虽然将技术要素纳入范畴，但仍将知识技术进步对经济增长的影响关系作为外生变量考虑，指导作用不尽如人意。对比新古典经济学理论，罗默（Paul Romer）和卢卡斯（Robert Lucas）的新经济增长理论似乎更具指导作用，其将技术要素作为经济增长的内生变量加以考虑，并认为经济能够持续增长是由于知识资本的积累，新知识将提高全社会的生产效率，经济持续增长是由于知识积累引起的结果。科技创新是推动全要素生产率提升的核心，被认为是我国经济增长方式转变的主要着力点。

根据新经济增长理论，构建出来的经济增长模型是：第一，技术进步是经济增长的核心；第二，大部分技术进步是出于市场激励而导致的有意识行为的结果；第三，知识商品可反复使用，无须追加成本，成本只是生产开发本身的成本。根据上述模型，政府可以通过鼓励创新，保护劳动者的创新意愿，促使更多的人力资源投入技术研发，从而提高企业的技术创新竞争力；还可以通过保护创新成果，给予创新者一段时间的垄断利益的激励，从而使得技术能够迅速转化为经济效益，实现技术向生产力要素的转换，进而实现经济持续增长。

根据新经济增长理论，在全球化知识经济的过程中，企业利润主要来自科技创新的推动，而企业利润又反过来刺激科技创新的进步。在这个过程中，专利被广泛用作衡量创新产出的指标，专利数量质量和企业的利润息息相关，而相对完善的专利激励制度能够持久地维持这种刺激，从而为科技创新提供持久有效的保障。正如克黑朋（Crepon，1998）等❶指出的，真正决定生产率的是创新产出（专利等新发明和新知识）而非研发投入，专利激励制度作为一种提升专利产出的有效方法，被视为实现我国经济转型的一剂良药。

专利激励制度能够通过促进专利产出，进而对创新技术起到促进作用，相关统计学的研究佐证了此种观点，赵彦云等人用统计方式考察了我国 29 个省（自治区、直辖市）1988～2008 年的面板数据，验证专利对全要素生产率的影响，结果表明：在 1988～1997 年，技术含量低、模仿性高的实用新型专利和外观设计专利对全要素生产率有积极影响，技术含量高、原创性强的发明专利对全要素生产率没有显著作用；而在 1998～2008 年，发明专利对全要素生产率的影响作用远大于其他两种专利。❷ 由此证明，随着我国经济的升级，创新技术对于经济的促进能力越来越重要。

---

❶ Crepon, Bruno, Emmanuel Duguet and Jacques Mairesse, "Research, Innovation and Productivity: an Econometric Analysis at the Firm Level". Economic of Innovation and New Technology, 1998 (7), pp. 115 –158.

❷ 赵彦云、刘思明：《中国专利对经济增长方式影响的实证研究：1988—2008 年》，载《数量经济技术经济研究》2011 年第 4 期。

作为目前主流经济学理论，新经济增长理论为理论学界所接受，可以作为指导实践的理论运用。专利一直被认为是创新技术的体现，专利激励制度能够促进专利产出，必然对发展科技能力和促进技术进步具有重要作用。通过促进专利申请进而推动经济增长，成为制度设计者的首选方案。

三、推广普及的需要

专利制度作为一种法律制度，其建立和运行与社会政治制度、经济体制、法律体系、科研体制、科技水平和国民素质等紧密联系、密切相关。专利制度发源于西方私有制国家，其市场经济运作经验已达百年。而我国《专利法》是在1984年3月12日通过，于1985年4月1日起施行的。在此之前，我国并没有完整的专利制度，换言之，我国专利制度主要是通过移植而来。制度设计者借鉴的是西方的经验，立足点却是本国的现实基础，突然将专利制度移植到我国的社会主义公有制基础之上，制度土壤变化可谓天差地别，难免需要时间来进行制度运行磨合和改良。

1985～1995年，我国企业和个人对专利的保护意识非常薄弱，具体表现为企业个人专利申请量极少，中大型国有企业专利申请持有量与之在国民经济中的地位和作用不相匹配。从意识层面而言，专利的保护意识不强是由于公众缺乏申请专利的主观愿望和有力的激励机制；从物质决定意识而言，是由于传统的经营管理机制和产权制度与当时的市场经济体制不相适应。值得注意的是，虽然当下我国经济得以迅猛发展，但我国专利保护意识仍然有待提高，这主要表现在以下几个方面。

从微观因素上来看，一是对专利的作用和目的认识不清，简单认为专利是一项科研工作，与生产经营没有关系，没有意识到专利是参与市场竞争的有效手段，结果导致对专利工作不重视，专利申请被作为一个特例而不是日常工作，科技人员的发明创造积极性降低，专利申请量少，消极进行专利保护。二是把专利工作看成政府行为或下达的任务，以为专利证书就是一种荣誉证书，是科技成果的奖状，"沉睡专利"大量存在，专利工作难以持久，或是急功近利，没有考虑市场情况，盲目申请专利导致公开技术得不到保护，浪费了大量人力、物力与财力。三是企业经营思路老化，还停留在抓好人、财、物管理的经营理念上，不知道该如何保护无形财产，更没有意识到专利是一种无形财产，能够保值甚至增值，对专利权的重要性缺乏认识。大量科技成果未获得专利权便进行公开使用，无形资产得不到应有的保护。

从宏观因素上来看，当时的社会环境也是导致专利保护意识缺乏的原因。一是在计划经济向市场经济转型的环境下，对无形资产的界定和管理存在缺陷。国有企业在我国经济中占主导地位，因此是申请专利的主要力量。对于国有企业申请的专利而言，"国家"是专利权的所有者，国有企业（单位）享有使用、管理和处置的权利，这个产权是明确的。但实际上，由于国有企业的产权主体是国家，但谁代表国家却不清晰，在这种机制下，企业难免缺乏财产管理和积累的内在动力，资产增值和保值的积极性不足，在当时大量国有资产流失的情况下，专利作为一种无形财产，实在难以引起企业重视。二是当时管理者没有意识到专利法的市场秩序保证作用。在以计划为主的经济体制下，企业与民众的利益由国家统一分配，企业生产的产品由政府分配，没有交换也就没有市场。科技成果不是商品，自然更不需要法律界定权利范围，在这种机制下，专利法的立法宗旨与当时社会经济体制是冲突的，缺乏专利制度的生存环境。然而随着改革开放的深入，私有企业开始出现，市场化程度越来越高，各种经济成分逐渐进入生产和流通市场，国有企业放开自主经营权，科技体制也逐渐革新，科技成果作为一种特殊商品也进入交易市场。再随着改革深化，市场调节比重不断增大，竞争也日趋激烈，专利权作为合法占有市场的手段逐渐为公众知晓，社会对专利制度的重视才开始增加。

在这种专利保护意识缺乏的社会环境下，为促进我国专利申请及授权的数量，专利激励制度应运而生。激励重点在于提高公众专利意识，鼓励多申请专利，其制度设计限于当时的主客观环境，难免有急功近利的嫌疑。如为了提高科研人员申报专利的积极性，直接在科研人员的职称、工资、住房、户口等考评中将是否曾为专利发明人作为加分因素；或为了迎合专利是一种荣誉的想法，设立了发明金奖、银奖等；或是为了鼓励企业申请专利而规定硬性指标进行区域排名，如每万人申请数量、授权数量等。整个制度设计的着力点主要在于让发明人觉得申请专利有立竿见影的好处，而未来长远的市场利益则放在第二位。其主要原因还是当时专利保护的环境尚未完全建立。物质决定意识，经济基础薄弱，制度设计便难免缺失。现在看来，尽管当时专利激励制度手段有所不足，但是客观上还是起到了促进专利申请的作用，为我国专利事业发展起到了积极作用。

四、涉外应对的需要

从 18 世纪初开始，英国就依靠其先进技术和资本在全球进行经济殖民和市场开拓，到 18 世纪中末期，日、德、法、俄、美等国也加入世界范围的贸易和竞争。在这种背景下，为了确保各国的工业产权能够在世界范围得到保护，1883 年 3 月 20 日，《保护工业产权巴黎公约》签订，其保护范围覆盖了专利权和商标权，并在 1884 年成立国际局来执行其行政管理任务。1886 年《伯尔尼公约》缔结，《伯尔尼公约》也成立了国际局，这两个国际局在 1893 年合并，成立了保护知识产权联合国际局（BIRPI），即今天的世界知识产权组织（WIPO）的前身。随着第二次世界大战的结束，加入世界知识产权组织的国家越来越多。到 1974 年，世界知识产权组织已经成为联合国组织系统的专门机构，并得到了联合国会员国的承认。至此，知识产权保护已逐渐成为世界贸易的规则，不遵守这个贸易规则的国家将受到排斥。

随着我国改革开放进一步深化，为了引进外资和技术，扩大出口贸易，增加就业机会，推动经济体制改革，我国积极谋求世界贸易组织的地位。然而，遵循知识产权保护的规则却是加入世界贸易组织的前提条件。因此，中国作为 WTO 第 90 个成员，于 1980 年加入 WIPO。之后我国又成为《巴黎公约》《马德里协定》和《伯尔尼公约》等的成员，至 1999 年 1 月，我国共加入了 WIPO 管辖的 12 个条约。

随着世贸组织成员的增加，世界经济全球化已是大势所趋。在经济全球化之初，发达国家如英、法、美、德等国家凭借他们先进的技术和雄厚的经济实力，在贸易中获得更多的利润，成为国际贸易的赢家。20世纪七八十年代，部分亚洲国家和地区如韩国、新加坡、泰国、马来西亚、中国台湾、中国香港等在之前国际贸易中积攒的资本开始寻找市场，也加入国际贸易竞争，导致贸易利益进一步分化。而我国利用"三来一补"等政策，极大地推动了我国制造业的发展，经济实力显著上升。在20世纪80年代后期，我国也加入了产业国际竞争的行列，并在20世纪90年代中期成为世界最大的日用品出口国，拥有"世界工厂"的美称。发达国家出口贸易一家独大的局面不复存在，产业国际竞争多极化的格局基本形成。

然而，贸易的全球化中机遇与挑战同时存在。在20世纪80年代中期，为了保持既得利益，抑制中国出口产品的竞争，欧、美等发达国家和地区利用各种标准构成贸易壁垒，对我国出口贸易施加诸多限制。然而中国凭借高素质廉价的劳动力和丰富的资源逐渐抢占国际贸易的先机，即使在20世纪90年代金融风暴之后，我国的制造业依旧是一枝独秀，成为国际贸易的有力竞争者，开始分享国际贸易的红利。为了保持国际贸易竞争的优势地位，以获取高额国际贸易利益，欧、美等发达国家和地区急需一种手段来限制中国制造业发展。

由于经济一体化无疑可以增进全球福利，而且世贸组织的宗旨就是排除各成员方关税与非关税贸易障碍，并消除各成员方在国际贸易上的歧视待遇，为国际贸易提供相对公平的竞争规则，因此欧、美等发达国家和地区无法利用税收歧视的手段限制中国，只能在世贸组织各条约允许的范围之内，想方设法利用自身优势来谋求最佳的利益，于是他们把目光瞄向了知识产权制度，尤其是与技术相关的专利制度。

知识产权来源于劳动，其获得过程的正当性使其成为获得超额利益的最佳理由，且又为世贸组织所认可，不容易被判定为贸易壁垒；欧美发达国家有百年以上的知识产权利用传统，在专利数量上具有强大优势；关键还在于，中国作为发展中国家，在知识产权保护方面具有天然的劣势。于是，发达国家开始运用知识产权战略，抨击我国不注重保护知识产权，是

"造假的天堂"，应征收知识产权费用，或利用知识产权特别是专利制度构成贸易壁垒，以打击如中国之类的后起之秀。如美国的"337调查"，随着中美贸易逆差的增加，"337调查"的重心从韩、日两国逐渐转向我国，对我国电子、通信、机械、化工等多个行业造成严重影响，从2002年开始，我国已经连续十多年成为美国"337调查"的最大目标国和受害国。

目前，欧美发达国家以知识产权作为借口为本国企业国际贸易保驾护航，已是众所周知。以美国知识产权调查为例，其主要集中在专利上，近年来提起诉讼的趋势渐强。每当美国经济高涨时，知识产权调查处于低潮期；而当美国经济不景气时，知识产权调查进入高潮期，其利用知识产权特别是专利作为"大棒"，打击竞争对手之心昭然若揭。

随着全球生产力要素的变化，世贸组织国家之间的竞争由劳动力和资本竞争逐渐转为技术竞争，继而又演变成专利争夺战，谁拥有专利多，谁就在国际竞争中占据优势地位。正是基于这种背景，专利激励制度应势而生，通过激励我国企业、个人积极申请专利，以抗衡欧美发达国家的"知识产权大棒"，抢夺国际贸易竞争中的有利地位。

第二章　我国专利激励制度的检视

第一节　我国专利激励制度的异化后果

在我国专利申请数量位列世界第一的同时，我国的专利激励制度异化所带来的诸多问题逐渐引起人们的关注：专利劣质化问题，我国申请人的发明专利授权率低，国内申请人的授权率不到25%，与之对应的是，国外申请人的授权率达到50.8%；授权专利中，发明专利的比重低，占有率不足18.9%，而我国的实用新型专利中，专利权人为国内申请人的占比几乎达到99%，这些数据都说明我国技术水平较低；专利闲置化问题，在专利申请、授权量"井喷"的同时，又有大量专利陷入"沉睡"，无论企业还是学校的专利成果转化率均非常低下；专利泡沫化的问题，大量的"无形资产"存在随时变成"无用资产"的巨大风险，这个"泡沫"随时有可能"破裂"；专利廉价化的问题，有研究表明，我国专利权案件的平均判赔额只有8万元[1]，区区8万元便是侵犯专利权的代价，根本不足以补偿专利权人的损失，起到威慑侵权人的作用，也无法规范行业秩序；专利工具化问题，部分占有优势地位的企业滥用专利权，试图垄断市场、抑制竞争对手；等等。至此，专利申请尚未落幕，异化后果的萧墙已经渐现，专

---

[1]　中南财经政法大学：知识产权侵权损害赔偿案例实证研究报告，来源：中国法院网，访问网址：http：//www. chinacourt. org/article/detail/2013/04/id/948027. shtml，访问时间：2017 年 8 月 9 日。

利激励制度异化对我国专利制度的健康运行造成较大影响。

一、专利的劣质化

（一）专利质量之辨析

专利质量可以从三个层面进行评价，即技术质量、经济质量和法律质量。所谓技术质量，指的是专利是否披露了有价值的技术，也即专利所公开的技术是否具有新颖性、创造性和实用性；所谓经济质量，是指该专利是否能够产生经济利益；所谓法律质量，是指该专利是否能够在法律上得到保护，实现其法律赋予的排他许可权力。笔者以为，专利质量的维持，这三个层面的质量缺一不可，唯此方能体现专利的价值。

但传统的评价方式还是集中在技术的层面进行考量，主要是凭借专利的技术质量来评价专利的质量，因此从狭义的角度来看，专利质量就是专利的技术质量。专利的劣质化就是指专利技术质量的缺乏，尤指缺乏新颖性❶和创造性❷的专利数量增大，有泛化的倾向。缺乏"新颖性"是指专利所涵盖的技术属于现有技术的范围，是公知公用的技术；缺乏"创造性"是指专利缺乏实质性特点和进步，即可能只具备形式上的进步特点，实际上并不能对现时社会和科技产生进步影响。

（二）"垃圾专利"和"问题专利"的厘清

论及专利的劣质化，经常提及的两个概念便是"垃圾专利"和"问题专利"，这两个概念貌似相同，实际上却方圆殊趣，但何谓"垃圾专利"和"问题专利"，却缺乏清晰的定义，对此，笔者拟作一个厘清。

从字面意思看来，"垃圾专利"是指没有用的专利，但究其内涵，"垃

---

❶　专利的新颖性是指该发明或实用新型不属于现有技术，也没有任何人就同样的发明在申请日前向专利局提出申请，并记载在申请日之后公布的专利申请文件或公告的专利文件中。

❷　专利的创造性是指与现有技术相比，该发明具有突出的实质性特点和显著的进步，该实用新型具有实质性特点和进步。

圾专利"也不能简单说成"没有用的专利",笔者以为,对此可以从三个角度进行观察,一是从专利所公开的科学技术的技术性来看,其不具备《专利法》要求的"新颖性"和"创造性"。二是从专利的申请及授权实践来看,是指那些不具备"新颖性"或"创造性"又进行申请的专利,其中的一部分还获得了授权。三是从《专利法》的立法目的来看,专利应当能对现时社会和科技产生进步影响,而不具备这项实际功能的就可归入"垃圾专利"范畴。

同样,"问题专利"也不能简单等同于有问题的专利,最早对"问题专利"进行界定的是美国联邦贸易委员会(FTC),其表述为:"问题专利是指那些可能被无效或者其专利权利要求范围可能过大的专利。"❶ 从这个角度而言,问题专利并不一定缺乏专利的"新颖性""实用性"和"创造性"(简称专利的"三性"),其所指的那些"可能被无效"是指"不符合专利授权标准"而被"错误授予专利权"的专利。具体而言,问题专利可能包括以下三种专利:一是因缺乏"三性"而不具备授权条件的专利。二是并不缺乏"三性",仅仅由于法律特殊规定不能获得授权的专利。三是"专利权利要求范围可能过大的专利",也即具备专利的"三性",其问题在于授权范围过大。

将"问题专利"与"垃圾专利"进行对比,可以发现其区别在于以下三点。第一,是否具备专利的授权条件。"垃圾专利"是指不符合专利授权条件而被授权的专利,其本质上是不具备专利授权条件的。而"问题专利"则包括两类:可能被无效的专利和专利权利要求范围过大的专利。可能被无效是指专利自始不具备授权条件,因而存在无效的风险,专利权利要求范围过大是指原本具备授权条件,只是因为权利范围要求过大而存在风险,专利权人可以通过修改权利范围的手段以维持专

❶ Federal Trade Commission:"To promote innovation:The proper balance of competition and patent law and police:A Report by the Federal Trade Commission(Oct. 2003)",资料来源:WIPO,访问网址:http://www.wipo.int/wipolex/en/text.jsp?file_id=177488,访问时间:2016年6月17日。

利，因此，问题专利在本质上很有可能是具备专利授权条件的。第二，从社会作用来看，"垃圾专利"缺乏创新内容，不能对科技发展起到积极作用，而"问题专利"并非缺乏新颖性或创造性，其在某种程度上还会促进技术的发展。众所周知，科技发展是渐进的，任何新技术的研发都是站在已有技术的基础上的，这些"问题专利"或多或少地公开了新的技术内容，这些技术内容也或多或少对科技进步起到了积极作用。第三，"垃圾专利"更类似于科学技术质量的缺乏，而"问题专利"更类似于法律质量的缺乏。

厘清"问题专利"和"垃圾专利"有助于我们理解专利质量内涵。一定条件下"问题专利"可能通过修改权利要求转化为正常专利，而"垃圾专利"永远是"垃圾专利"。

(三) 专利的劣质化

"专利申请及授权的数量可以反映专利技术质量。"观察一个国家的技术水平可以从该国申请发明专利的数量和授权比例的角度进行。由于实用新型专利和外观设计专利只需要经过初步审查便可以获得授权，因此实用新型专利和外观设计专利并不能证明产品的技术性。换言之，发明专利的技术质量要远远高于实用新型专利的技术质量。值得一提的是，除了依靠发明专利申请及授权的比例，专利劣质化的判断还可以依靠基础专利的数量和比例来判断。基础专利是开拓性的，是不依赖其他人的专利而产生的专利。根据基础专利改进的是改良专利，基础专利的贡献度大于改良专利，且控制着改良专利的运用，比改良专利具有更高的技术性，实用新型专利多属于改良专利。

从前文可知，我国申请人的发明专利授权率与国外申请人的授权率相比较低，前后者分别为 25% 和 50.8%；而授权专利中，我国申请人发明专利的比重低，占有率不足 18.9%，这些数据都说明我国技术远远落后于美、日等国。在实用新型专利方面，我国申请人的申请量"畸高"，占有率几乎达到99%，说明我国的改良专利比例相对更高。● 与外国申请人相比，我国发明专利授权比例、发明与实用新型专利的比例、基础专利和改良专利的比例充分地说明了我国专利技术质量的缺乏。

专利作为一种无形财产，是专利制度的基石，专利质量决定着专利制度能否顺利运行。专利的劣质化不仅是对公共利益的一种侵夺，更对专利制度试图建立的技术创新环境造成了严重危害，是对专利激励制度的扭曲，其严重背离了专利制度的宗旨，使公众和专利权人出现双输的局面。

二、专利的闲置化

专利的闲置化是指专利的转化率低。专利转化（patent conversion）是指蕴含在知识产权中的潜在生产力转化为直接生产力的过程。专利的"质押、融资、出资、证券化"等商业化过程也算是转化，但由于其相对专利总量而言数量较少，且出现较晚，通常并不将其认为是转化。专利转化率直接反映了专利成果与工业生产的联系程度，且常常与"科技进步对经济增长的贡献率"这一概念相联系。专利的闲置化主要指大量的专利难以通过转让或企业内化的方式，将专利技术实施到产业中，因而难以产生经济效益。

近年来，我国专利数量逐年上升，专利申请数量在全球名列前茅。专利数量的增长和领先反映了我国目前专利事业的繁荣发展，但严格看来，专利事业繁荣发展不等于我国经济科学繁荣发展，相当多闲置的专利并不产生价值，因此不能简单用专利数量增长和领先，来评估我国的科技发展水平或技术进步水平，以及专利对经济发展的推动作用。准确地说，发明专利的数量一定程度上体现了被国家认可且具有实用性的创造性发明数量，而专利转化率则体现了运用到实际生产中的专利数量与专利总量的比率。

---

❶ 数据来源：Incopat 数据库，访问网址．incopat.com/advancedSearch/simpl. 访问时间：2020年7月1日。

真正对经济发展有推动作用的是运用到实际生产中的专利，目前我国专利转化实情是：一方面我国专利数量持续增长，位列世界前茅；另一方面我国专利的转化率一直较低。在发达国家，专利转化水平一般在30%～40%，在日本等国家甚至高达70%～80%❶。我国的专利转化率目前尚无统一数据，据国家科技部的研究表明，我国每年有省部级以上的科技成果3万多项，但是能大面积推广产生规模效益的仅占10%～15%；每年的专利技术有7万多项，但专利实施率仅为10%左右。❷甚至这项数据都被指过分乐观，中国社科院发布的《法治蓝皮书（2017）》认为是2%。❸教育部《中国高校知识产权报告（2010）》中给出的高校专利转化率只有不足5%，平均寿命只有3年多，并且多年来一直处于极低的水平，同期专利申请量和授权量在课题组的统计期间内的增长却达数十倍甚至数百倍。❹高校是我国专利技术最密集、科学技术性最高的单位，低专利转化率说明要么大学研发投入方向错误，不能产生市场效益；要么高技术性专利转化的机制有问题，研究和生产二者不能正常衔接。

从宏观角度看（忽略微观个别专利的差异），我国坐拥全世界最多的专利数量，纵然其中有部分专利缺乏实用价值，但也不乏高经济价值的专利，而这些无形资产却被搁置而不能投入生产活动中，有数据称我国科技进步对经济增长的贡献率约为39%，其中高新技术对经济增长的贡献率仅为20%，远远低于发达国家60%的贡献率。❺这既是对科技资源的巨大浪费，也是对生产活动的削弱，客观上反映了我国对专利转化方面的激励不足。

三、专利的廉价化

专利廉价化，也称"专利无用化"，是指专利的价值得不到体现。从

---

❶❹　林琪云、米学娇：《浅析发明专利高数量与低转化率的矛盾——以国家知识产权战略实施五年为视角》，载《现代商业》2014年第14期。

❷❺　马忠法：《对专利的本质内涵及其制度使命的再思考——以专利技术转化率低为视角》，载《科技进步与对策》2010年第20期。

❸　数据来源：央视网，访问网址：http://news.cctv.com/2017/04/04/ARTIApEORr8WPiKB4kz3Rmbg170404.shtml，访问时间：2017年8月17日。

经济学观点观察，专利有两个功能，一是财产功能，专利作为一种无形资产，具有与有形财产类同的财富功能；二是竞争工具，专利权人以专利为工具，在市场竞争中获得优势。在实践中，专利廉价化具体表现在两个方面，一是"专利无用"的观点在企业（尤其是中小企业）中普遍存在，其并不认为专利是一种财富；二是部分社会公众及侵权人对专利权利的漠视，以及对专利权肆无忌惮的侵犯。

物质基础决定意识形态，"专利无用"的意识自有其物质基础。我国专利制度建立之初，正值我国由计划经济转变为社会主义市场经济之时，我国大型企业多为政府企业，市场竞争中往往觉得利用政府行政手段更加快捷有效；而中小型企业不具备研发能力，更达不到申请专利的程度，"专利无用"的意识便在这个环境下滋生。而自专利制度创立之初至入世这十几年，我国市场经济环境仍不发达。大型企业一直强调利用行政垄断特权或是国家政策获得超额利益，对申报专利更多停留在行政荣誉和奖励层面；少数先行的小型企业开始有研发投入，但往往发现申报专利即使获得授权，也很难取得明显的经济效果。及至入世之前，我国政府为了应对入世的国际竞争，不得不利用专利激励制度，将专利申请量强行"拉伸"，并做大量宣传，专利作用才开始为群众所了解。

尽管有专利激励制度的推动，我国专利的廉价化思想仍根深蒂固。究其原因，在于专利权并不能转化为经济利益。首先，由于司法行政保护不力，专利权人既不能严格实行市场垄断，更不能从侵权赔偿中获得补偿，也即专利不能发挥其垄断作用（无用化）。其次，有部分专利权人对专利制度了解不深，不明白实用新型专利和外观设计专利仅作形式审查的道理，或是不知道专利还有"合格"和"问题""垃圾"之分，误认为有了专利权就能够保护自己，结果诉讼中专利被无效或者权利要求出现漏洞，从而认为专利无用。最后，即使专利权人获得了一个"合格"的授权专利，却不明白专利授权仅仅意味着权利授予，而授予后权利的保护离不开自我维权的道理，既不愿意亲力亲为进行维权打假，又不舍得"掏出"维权费用，只有坐视侵权猖獗，哀叹自身"买了"专利却得不到保护。

专利权人得不到专利保护意味着专利权不能真正成为市场竞争的工具。与此同时，市场竞争者对专利权存在到了视若无睹的境地，对专利的侵权行为也到了极其嚣张的地步。究其原因，在于我国专利侵权赔偿的填平性原则。按照我国相关法律法规的规定，我国法院在审理专利侵权案件时并无惩罚性赔偿的先例。在侵权诉讼中，为了获得侵权赔偿，专利权人需对自身侵权损失或侵权人的非法所得进行举证。但在司法实践中，对自身损失的证明由于客观性极少得到法官的采纳。而非法所得的证明要依赖与侵权人合作，仅凭专利权人的个人努力往往无济于事，而法院却限于各种原因较少进行主动调查。故而通常专利权人无法充分进行举证，实践中专利侵权赔偿金额多采用法官酌定的方式。

依我国现行法律规定，法官酌定最低赔偿金额低至 1 万元，所以很多时候专利权人无法得到足以补偿其所受侵害的赔偿金，另外对于利息和诉讼费用也很难得到法院支持，可谓"赢了官司输了钱"。前文已述，我国目前平均法院判决赔偿金不足"8 万元"。这是一个非常低的赔偿额，甚至不及一个发明专利几年的年费，更何谈研发投入的费用、市场的损失、维权的费用、侵权发现的概率，可谓"彻彻底底"的专利廉价化。在这样低的赔偿金额下，专利权人根本懒得聘请优秀的专利代理人或律师撰写文件或代理案件，以切实保护自身利益，对专利侵权人形成真正的威慑也无从谈起。

既然申请专利不能获得保护，那么发明人就没有必要为申请专利而公开技术。保护的缺失使得发明人作出逆向选择，如更倾向于不愿公开技术，试图用技术秘密来保护自身或怠于申请专利，或者干脆使用劣质化专利作为"幌子"。而低技术专利更促使制度设计者在制定法律时倾向于削弱对专利的保护，从而形成"恶性循环"。恶性循环之下，专利廉价化的认识已经积重难返，"专利无用"的想法普遍存在于社会公众、使用者、发明人与市场竞争者之间，甚至从中小企业扩展到大型企业。

四、专利的泡沫化

专利的泡沫化是指某些专利的价值因处于高位而可能出现的崩溃危

机。其与专利劣质化、专利廉价化的差别在于：专利劣质化强调专利的技术质量；专利的廉价化强调专利的价值得不到体现；而专利泡沫化强调专利价值崩溃的可能。在实践中，虽然大部分专利呈现廉价化的倾向，但仍有不少专利因为商业运作而千金难买。这些专利处在质押、融资、出资、证券化过程中，被赋予极高的价值。由于专利质量的难以确定性，因此一旦被证实存在劣质化、闲置化的问题，其价值便可能出现崩溃。如"柯达"专利，由于公司濒临倒闭而使得其专利包价值由 26 亿元急跌至 2 亿元❶。

"泡沫"一词来源于经济学，原是对经济经过一段时间的繁荣，然后急剧下滑，最后如肥皂泡般破灭这一兴衰过程的生动描绘。日本 2013 年度财政经济报告指出，泡沫就是资产价格大幅度偏离经济基础而上升。❷ 通常经济学家提及"泡沫"，会提及两个概念，即"泡沫经济"和"经济泡沫"，两者既有区别又有联系。通常认为，"泡沫经济"是指一个经济体中的一种或一系列资产（如股票或不动产价格）严重偏离实体经济（生产、流通、雇佣、增长率等），价格严重虚高，且泡沫资产总量在宏观经济总量中占有相当大的比重，并与经济的各个部门发生直接性或间接性联系，一旦泡沫破裂，将给经济的运行带来困境，引发金融危机或者经济危机。具备这种特征的国民经济被称为"泡沫经济"。

"经济泡沫"是指由于局部的投机需求（虚假需求）使资产的市场价格脱离资产内在价值的部分。它实质是与经济基础条件相背离的资产价格膨胀，主要涉及经济成长过程中的一些非实体经济因素，如金融证券、债券、地价和金融投机交易等。经济泡沫是市场中普遍存在的一种经济现象，只要控制在适度的范围中，就对活跃市场经济有利。只有当经济泡沫过多、过度膨胀，严重脱离实体资本和实业发展需要的时候，才会演变成有害的泡沫经济。

---

❶ 原始数据来源：中国知识产权资讯网，访问网址：http：//www.iprchn.com/Index_NewsContent.aspx? newsId=49761，访问时间：2017 年 2 月 15 日。
❷ 王雪峰：《国内外有关资产泡沫理论的新发展》，载《江西财经大学学报》2006 年第 2 期。

专利作为一种无形资产，其不仅体现在技术公开对社会的贡献上，还体现在专利的经济价值上。从经济学的角度，将"泡沫"概念转用来形容我国专利现状似乎并无不可。我国连续多年年专利申请量均超过 230 万，专利数量排名世界第一且继续攀升，积累了大量的"无形资产"并体现在国民经济的运行之中，如企业出资中的知识产权"出资"以及"质押、融资、出资、证券化"等商业化活动中。在欣喜于骄人的"无形财富"的同时，我们也应该看到，大量的"无形资产"存在随时变成"无用资产"的巨大风险，这个"泡沫"随时有可能"破裂"。若是专利真的出现"泡沫化"，其所质押、融资、出资、证券化等的无形资产将全部危如累卵。在知识产权经济时代，这完全可与其他无形资产如证券的泡沫化带来的危害相提并论，并将可能波及整个科技创新领域，严重时甚至会导致整个与专利相关的经济市场崩盘。

从经济学上可知，适当的泡沫有利于经济发展，而经济泡沫加剧则有可能转化为泡沫经济，而泡沫经济将给经济的运行带来困境，引发各种危机，因此我们要严防专利的泡沫化。近年来，我国大力推动专利质押、融资、出资、证券化等工程，其目的在于提高专利的转化率，降低专利的"泡沫化"可能，但与庞大的专利增长量相比，无异于扬汤止沸。真正能够起到"釜底抽薪"作用的，是防止专利的劣质化、廉价化，提高专利的转化率，而这一点恰好是目前我国专利激励制度的短处。

五、专利的工具化

专利是一种合法的"垄断"，其本身就是一个排他效力强的私权，是企业参与市场竞争的工具。但作为私权，专利本身与公共利益便天然存在冲突，因此过分的工具化容易造成社会的利益损失。在企业专利战略中，就存在所谓的"专利海"战术❶（Patent Ocean Tactical）：企业通过申请大

---

❶ 余飞峰：《论我国实用新型专利制度之完善》，载《南昌大学学报（人文社会科学版）》2016 年第 6 期。

量实用新型专利，只求数量不求质量，并在获得授权后对专利进行捆绑式许可或转让的经营战术。基于实用新型专利的非实质审查制度，企业动辄在某一技术领域获得大量专利授权，便可达到扰乱竞争对手、抬高新企业进入门槛、阻却新企业参与市场竞争的目的。除了"专利海"战术之外，恶意运用专利权的现象不胜枚举，如不实施或实施不充分且拒绝许可、单方面拒绝许可、许可但横向或纵向限制竞争，以及有条件的许可、非诚信地主张权利如滥发专利侵权警告函、随意提起侵权诉讼、制造各种壁垒陷阱等，意图影响竞争对手的正常运营，导致竞争对手在金钱或者名誉上遭受损失。

专利权人以专利侵权为由起诉侵权人时，被诉侵权人可提起专利无效宣告程序及专利无效诉讼。然而大量的"垃圾专利"却使得这种救济措施的救济成本变得极其高昂：在"专利海"战术下，被诉侵权人对成百上千的专利进行无效诉讼所需耗费的时间和金钱是不可想象的。这个时候，专利作为市场竞争工具的作用发挥到了极致，却明显有违立法者的初衷。

一般而言，在专利过度工具化的情形下，公众所受到的损害有二：一是为避防专利侵权而不得不审慎防范，导致资源浪费；二是被滥诉困扰，增加了经营成本。虽然我国《专利法》提及专利权人恶意则可以追究赔偿责任，但恶意与否在实际诉讼中很难证明。专利的过度工具化严重阻碍市场竞争，影响社会公平，这种情况并不仅仅出现在中国，在美国同样常见，所谓的"专利精怪"（patent trop）、"潜水艇专利"（sub - marine patents）和"生物海盗"（biopiracy）等无不是专利过度工具化的后果。

从法学的角度而言，专利的过度工具化实质是专利权滥用，可以借助权利滥用的概念内涵进行分析。权利滥用概念大致形成四种学说。第一种是"恶意说"，其判断依据是从主观角度出发，认为权利虽然是法律分配一部分社会利益供权利人行使权利之结果，难免使他人受到损害，但若以损害他人为目的行使权利，就属于权利之滥用；❶ 第二种为"本旨说"，其

---

❶ 胡长清：《中国民法总论》，中国政法大学出版社 1997 年版，第 386 页。

判断依据在于行为是否对法律设立权利主旨有违反，认为权利滥用者，乃权利人行使权利违反法律赋予权利的本旨（权利之社会性），法律上遂不承认其为行使权利的行为；第三种为"界限说"，其判断依据在于权利行使是否超越正当界限，即"权利人超过正当权利行使界限而行使权利的界限"；第四种为"本旨与界限混合说"，其包含本旨和界限两种学说的要素，认为权利滥用，指超出权利的、社会的、经济的目的或社会所不容许的界限之权利行使。❶

笔者以为，鉴于专利权本身的垄断属性，"恶意说""本旨说""本旨与界限混合说"在论证专利权滥用时具有一定的局限性。"恶意说"认为判断依据在于权利人的损害意图。但是具有损害意图仅说明权利人具有道德上的可非难性，并不能成为权利滥用的实质。因为"法律不考虑潜在的动机问题，只要求人们从外部行为上服从现行的规则和法规，而道德则诉诸人的良知"。"本旨说"认为判断依据在于该行为违反了权利设定之目的。权利目的是确定权利界限的一种标准，但权利设立的目的依旧仅是主观认识判断，且何为专利制度设立的目标在不同阶段却未必一致，因此并不足以作为评判的标准。与"本旨说"类同，"本旨与界限混合说"同样含有主观认识判断的因素，难以辨析。故而笔者倾向于以"界限说"作为对专利是否过度工具化的判断依据，专利过度工具化实质上就是专利权人在行使专利权的过程中，超出专利权的正当界限。

专利权固然属于私权，唯其本身具有社会性，当其在社会生活中与他人权利冲突时，有必要对专利权进行范围界定，这既是基于公共利益对专利权的范围界定，也是专利权自身内在权利范围的界定。专利工具化的边界是指专利权基于其社会性而受到限制所形成的权利边界。这种边界是专利权人在行使权利时绝不可以逾越的界限，否则将受到法律的规制。

---

❶　史尚宽：《民法总论》，中国政法大学出版社2000年版，第714页。

第二节　我国专利激励制度异化成因分析

激励学的"斯金纳迷箱"理论认为，人为了实现目的会采取某种行为。当行为后果对其有利时，为（正）激励，这种行为倾向会被加强；当后果对其不利时，为负激励，这种行为倾向会被削弱。"斯金纳迷箱"理论（也称激励强化理论）既可以用来预测专利激励制度的异化后果，也是专利激励制度改进的法经济学理论依据之一。

一、利益成因

利益成因是指行为人从该行为的利益或非利益后果中获得（正）激励或负激励，从而影响其后续行为的激励成因。换言之，人们不断从事某件事情是因为这件事情对其有利，而一旦有不利结果出现，这种行为将被削弱。利益成因决定某件事情的可持续性。

（一）申请人的投机获利

从专利"内生性"激励层面分析，立法者设计专利制度的本意，在于授予专利权人一定期限的排他使用权，以此激励发明人公开专利技术。换言之，发明人为了获取排他使用权而申请专利，乃是专利制度存在的重要前提。但在专利推动政策之下，"外生性"激励这一模式出现了。目前，全国各地为了激励专利申请，各级政府都出台了相当多的措施来推动，新的力度更大的专利资助政策不断涌现，虽然具体政策措施、资助方式、授予主体、资助额度等因地而异，但综合来看，都是通过行政方式给予专利申请人某种利益，以换取其积极申报专利。

在专利推动政策之下，政府授予专利权人的权利不尽于保护，发明人进行专利申请的动机也不尽于排他使用权，如申请人可为获得政府奖励、升学加分等而申请专利。专利申请人申请专利的主要目的不再仅仅是获得法律的保护，而在于投机获取超出排他使用权之外的利益。种种专利促进措施可以给专利权人带来排他使用权之外的利益，且这些利益立竿见影，收益巨大，使得专利保护不再是专利申请人的首要追求，如有53.6%的科学技术人员认为获得奖励的荣誉比获得专利权更好❶，"外生性"激励在很大程度上取代了"内生性"激励，为专利激励制度异化提供了滋生的温床。

"外生性"激励成分占比上升到一定程度便可能引起专利激励制度的异化，使得发明人申请专利不再是专为市场实施，而是为了投机获利。异化追求之下，其对专利质量、转化率的追求便必然会下降，对数量、授权的追求必然增加。这将使得专利劣质化、闲置化、泡沫化的情况日渐严重，这是专利申请制度中"外生性"激励过度的后果。

（二）中介机构的逐利驱使

专利激励制度并不仅仅是针对专利申请人，对专利代理人同样也会起到激励作用。鉴于专利文件的科学与法律两重性，故而实践中一般的发明人难以胜任文件撰写的工作，绝大多数专利都是由发明人撰写技术交底书，再委托专利代理人进行撰写提交。实际上我国大部分专利文件由专利代理人撰写提交，专利代理率平均值大约为63%。❷ 为了帮助发明人多申请专利，必须提高专利代理机构的工作积极性，对其进行激励看来似乎是必然趋势。实践中这些激励既有"内生性"激励，也有"外生性"激励。

按照专利代理协会发布的代理行业服务收费指导价格，以发明专利申请为例，基本申请费用为4000元/项，基本实质审查费为1000元/项，发明专利申请书为250元/页等，虽然实务中做不到以页为标准进行计算，但代理费用基本上还是按照申请件数进行计算的，中介机构代理发明专利申

---

❶ 郑绪涛：《我国专利制度在激励技术创新方面存在的问题及其优化措施》，载《市场论坛》2007年第8期。

❷ 数据来源：国家知识产权局，访问网址：http：//www. sipo. gov. cn/tz/gz/201704/t20170428_1310650. html，访问时间：2017年6月27日。

请的费用可以达到 5000 元/项。从经营角度而言，专利申请量越多，专利代理机构收到的代理费就越多，获利也就越多，构成了（正）激励。因此，鼓励客户多申请专利成为中介机构的首选，如通过将一件专利拆开成为几件专利进行申请，或即使明知缺乏创造性也鼓励客户进行申请，从而获得更多的代理费。

中介机构逐利行为并不仅限于从客户那里获得代理费，某些省市专利管理部门为推动专利申请，对中介机构也有相应的奖励安排，如帮助客户申请多少个发明给予多少钱奖励，或者提供开办费资助，或者对专利代理机构进行排名。这些奖励的评选中，申请量多的机构无疑占有优势，这也是中介机构热衷于鼓励客户申请专利的内在动机。

专利申请上的激励使得中介机构的积极性大涨，发明创造人与中介机构的配合，并不限于对专利文件撰写的咨询，自然也会咨询专利的运用，如专利布局等专利战略问题。出于对代理费用等的渴望，中介机构可能会鼓励发明人做专利布局，这种布局多半以大量的专利申请作为基础，有时候发明人撰写不出专利，代理机构还会帮助其进行"挖掘"，这种行为得到了相关主管部门的认可和支持，也是导致专利数量剧增的重要原因之一。

正规的专利代理中介机构是受我国现行法律和法规性文件约束的，如《专利法》《专利代理条例》《专利代理管理办法》《专利代理惩戒规则》《专利代理职业道德与执业纪律规范》和《专利代理人实务实习管理办法》等。这些规范性文件对规范专利代理工作起到了重要作用，因此尽管对扩大业务具有渴望，大部分专利代理机构和专利代理人还是能够正规从业的。但在实践中，我国还存在着大量的不具备专利代理资质的中介机构，如某些从事科技服务的中介机构或商标事务所，或是以个人身份从事中介工作的掮客（不管其是否通过专利代理人考试），以上统称为"黑代理"。"黑代理"并不受专利法律和有关法规性文件的约束，设立成本低，数量巨大，其与小部分投机成性的正规专利代理机构共同构成了逐利中介机构的主力。遗憾的是，某些专利管理部门认为"黑代理"是专利数量增长的

"好帮手"，可以作为正规专利事务所的有益补充。从激励的角度而言，这又是负激励不足的后果了。

（三）专利保护缺失

我国专利制度在运行过程中，一个突出问题是专利保护（司法保护和行政保护）力度不足。从激励的角度而言，属于（正）激励不足，其隐含的内涵有"赔偿数额低""侵权成本低""维权成本高"等。专利保护缺失对于真正投入研发进行市场竞争的企业而言，目前法院判决的专利侵权赔偿金额根本不足以补偿其因他人侵权所造成的损失；同时，较低的赔偿金额意味着侵权成本降低，与之对应的是维权成本提高，严重地干扰了专利制度作用的发挥。专利保护缺失属于（正）激励不足，由强化理论可以知道，其必然削弱发明人申请专利的积极性，助长了侵权人的气焰，增加了侵权情况的发生。然而有意思的是，（正）激励不足还诱发了发明人逆向选择的风险，导致发明人选择申请更多专利。一般而言，逆向选择的情形主要有以下两种。

1. 分拆专利

从法经济学的角度来说，分拆专利是滥用专利制度的逆向选择。既然单个专利的侵权赔偿金过低，将一个专利分拆成几个专利以获得较多赔偿，则成为部分企业应对专利保护力度不足的手段。如将一个产品分拆成几个部分，将一个完整工序流程拆分成几个工序片段进行专利申请等。如某玩具公司将一套积木玩具中的每一个积木都申请外观设计专利，造成一套十几元的积木玩具中有五十几个外观设计专利。由于某些产品技术确实具备专利的"三性"，或者是对分拆出来技术性较低部分仅进行实用新型专利申请，这些申请也都获得了授权。所谓"专利海"战术更是这一策略的绝配，通过一个"核心"专利和几十个"边缘"专利，企业同样可以令对手"望风披靡"，也可以实现"超级保护"。但是，这种策略无疑降低了专利的"含金量"，在增加企业维权成本的同时，也造成了政府审查资源的浪费和公众防范侵权成本的提高。

2. 不公开技术

从法经济学的角度来说，不公开技术是排斥专利制度的逆向选择。既然公开技术得不到充分的保护，那不如采用"技术秘密"的保护方式。不少企业选择了利用"技术秘密"的方式对自己的技术成果进行保护。但实践中，由于大多数企业的规模较小，难以真正实施强有力的"秘密"手段，因此大多数所谓"保护"也只能停留在纸面上。另一种和"技术秘密"类似的方式便是在专利申请过程中故意不写明核心内容，虽然这违背了专利技术必须公开的原则，但在实践中并不见得会被审查人员所发现，同样也可以获得专利权。"不公开技术"策略实际上是排除了专利制度，使得社会各方均不能享受到专利制度带来的福利。对于政府而言，浪费资源是其次，更重要的是失去了促进科技进步的推动手段；对于公众而言，失去了获得知识的便捷办法，甚至更糟的是获得了一个貌似有用的假技术；对于企业而言，不但失去了专利制度的保护，更由于先申请制度只承认先提交专利者，企业还要蒙受被诉侵权的风险，同样形成一个多输的局面。

目前专利激励制度（正）激励不足的情形在我国专利侵权诉讼领域较为严重。专利保护缺失势必造成侵权行为泛滥，破坏我国的法制环境，不利于专利制度的运行。专利制度的失灵必然影响我国科学技术的健康发展，同时也造成技术创新动力不足，严重影响专利的"含金量、转化率"。

（四）科研创新机制失灵

科研创新机制是政府管理和推动社会科研活动工作的核心制度，体现激励精神的光辉。其通过一套严密有效的规范，辅以相应的奖惩机制，为整个科研创新工作提供方向指导与成果激励，是整个科研创新工作得以正确实施的保证。从管理标准化的角度来看，科研产出的过程决定产出的结果，科研创新机制关注的是科研产出中的过程质量，是科技研发能否正确发展的关键保证，一旦这个机制失灵，整个科技体系与科研活动将不再处于可控的境况，大规模"出轨""作弊"行为的出现将不可避免。从激励的角度而言，是我国科研创新机制失灵，其源于我国专利激励制度的异化。目前对于专利激励制度的非议，主要集中在专利激励制度不能起到正确的引领与激励作用，反而造成了种种弊端。

很多企事业单位如医院、学校等，除了将发表论文作为教职工等参加科研工作的评价标准外，还将获得专利授权作为评价标准。申请专利本是公开研究成果以期获得保护的商业行为，管理者却将其当作科研工作的评价体系，并且通过各种奖励政策加大了专利的权重，这种评价模式无疑带来极大的道德风险。

由于技术研发工作的特殊性，政府、监管者或者相对人根本无法知道科研成果的真实情况是否与发明人所声称的一致，如其研发投入如何核算、成果价值如何评定等。一方面，政府、监管者或者相对人的信息相对滞后；另一方面，专利价值的验证依赖于成果转化，而成果转化率低减少了专利得到验证的几率，加之生产管理、市场环境等因素干扰，往往难以证实。双方的信息不对称使得发明人很容易利用信息优势造假获利，通过夸大研发成本来骗取经费，或通过夸大研究难度来骗取荣誉，抑或通过夸大成果价值来骗取资金。

"内生性"激励的评价主要来源于市场，可以较为精准地衡量专利价值，却难以为我国科研创新机制所采纳；而虽然"外生性"激励评价主要来源于政府，且政府限于信息偏在无法对专利进行衡量，实践中却为我国科研创新机制所普遍适用。这种情况下，诚信缺乏的发明人可以通过申请大量没有实际作用，却具备"三性"的专利来骗取各种奖励和利益，在某些情况下，甚至不具备"三性"的专利都可以获得利益，这同样是专利低质化、廉价化、泛滥化的重要原因之一。如何建立一个适应我国科学和经济发展的科研创新机制，将是当前科技管理部门亟待解决的问题。

二、技术成因

从激励理论来讲，激励因素除了人的因素以及方式内容之外，还要考虑激励的相应环境，不同的环境决定人的不同选择。比如说，若有某项技术能够准确判断出专利的"三性",则"垃圾专利"将不复存在;但实际上尚未有这种技术,所以专利劣质化问题依然存在。技术成因决定了激励过程的相应环境,在某个程度上也可以说决定了激励的结果。

(一) 专利技术的专业性

根据《专利法》的规定,专利授权审查除了审查是否有不符合授权条件的缺陷外,主要是针对新颖性、创造性和实用性的审查。从程序上讲,一项技术需要经过"初步"或"实质"审查合格才可能被授权成为专利。鉴于专利技术审查的专业性、复杂性,对审查人员的要求较高,一些技术问题将难以避免,而我国的专利激励制度正是在这样不完美的环境中运行的。

1. 审查人员的专利技术难以达到"本领域技术人员"的水平

为了使得审查标准化,《专利审查指南》中对审查程序作了前置性假设,其中包括了"本领域技术人员"的设定,所谓"本领域技术人员"是一个不具备创造能力的假设人,其知识储备包括"申请日或者优先权日之前所属领域所有的普通技术知识",其能力具体包括以下两点:一是获得技术的能力,能够实现"获得所属领域的所有现有技术,并且具有应用该日期之前常规实验手段的能力"的要求;二是具备查找的能力,能够在得到技术启示的情况下,到其他领域去"获知该日期之前的现有技术,普通技术知识和常规实验手段的能力"。对于这个标准,笔者以为,这个设定固然有助于消除审查中的主观性和不确定性,但即使排除主观性和不确定性,实际上审查人员也无法达到假设人所要求的知识储备和能力。审查人员作为真实的人,几乎不可能获得全部知识,能够查找到全部技术也是不现实的,在审查过程中,现实中的审查人员与假设人之间难免会存在差异,从而导致"问题专利"的产生。

2. 审查人员的知识水平

即使排除掉审查人员退休离职等需要新人填补的因素,由于专利申请数量上升,审查人员的数量需要扩大,也不得不经常招入新的审查人员。

而新进人员无论是在"知识储备"上，还是在对"假设人"能力的把控上，都难免经验不足，需要在实践中磨炼。除此以外，"假设人"的知识储备随着时间推移不断扩大，成熟的审查人员的"知识储备"也难免老化，需要不断更新升级。随着技术更新换代的加速，甚至出现新的审查人员尚未上岗，"知识储备"就已经老化的情况。人员培训不足带来审查质量的波动，致使对专利的审查授权难以非常准确。

3. 专利申请人相对于审查人员的信息偏在

由于相当多发明技术是在实践中产生的，相对于发明申请人，审查人员难免陷于专业上的信息偏在地位。在新的快速发展的或跨领域等普通人难以接触的技术领域，如医学、核科学、DNA、微观分子等领域，申请人的非专利信息不是审查人员所能接触到的。如实践中某位知名医生声称其申报的专利技术能够在手术的过程中对病人的某些应急情况有巨大的作用，且与其他现有知识的技术出发点完全不同。对此，缺乏实践经验的审查人员很难判断出其是否真实，审查人员只能选择相信发明人的职业道德。对发明人的信任可能促进发明人的侥幸心理，而对此带来的道德风险则难以避免。

综上所述，专利审查人员的专业素质对于授权质量控制至关重要，高素质的审查人员不仅能够提高检索速度和审查进度，也能控制审查质量，进而保证授权专利的稳定性。但实践中我们的专利激励制度是运行在一个不完美的环境中的，因此也决定了发明人和审查人员的选择并不总能达到理想状态。后述选择异化证明了这一点：一方面，发明人出于自身利益更倾向于获得专利，哪怕是劣质专利也好过不被授权，因此他们更倾向于利用这一优势增加自己获得授权的概率；另一方面，由于目前专利的审查压力日趋繁重，审查人员精力有限，对专利的新颖性和创造性的判断都需要花费大量心力，因此无论是出于对专利技术的保护或是授权之后无效程序的信赖，其往往倾向于授予专利权。故而从激励的角度而言，专利申请授权中可能出现的技术质量问题将无法避免。

（二）专利技术文献的无法穷尽性

按照《专利审查指南》，专利在审查过程中，用于判断专利新颖性和创造性的对比技术文件包括现有技术和抵触申请，审查人员应当根据现有技术和抵触申请，判断出是否具备新颖性或创造性，进而决定对该申请是否给予授权。因此，现有技术和抵触申请是审查人员进行审查判断的重要依据。

相较于现有技术，抵触申请文件较容易获得，其来源于专利局的内部资料，排除信息传递的时间延误，其基本是完整准确的；而现有技术的全面获得却相对困难，由于现有技术信息可能以多种形式存在，除了以专利或非专利文献的出版物形式出现相对容易获得之外，其他的形式如公开使用或者可能为公众所知道的并不存在知识产权局的文献当中。非文献的情况是一般审查人员难以完全获悉的，由于地域、时间、人群、行业、习惯等的不同，审查人员非常难以获取申请人随手可得的资料信息。而实践中审查人员获得的信息多半仅仅来源于知识产权局的内部资源库，信息严重不足。从时间成本考虑，审查人员根本无法脱离数据库，去做到对全世界公开使用或者以其他方式公开的在先技术进行了解，在先技术即使是以书面方式公开的，只要没有纳入知识产权局的数据库，审查人员也难以获取并在专利审查中进行比对。

信息的传递有其特性，一些信息随着时间的流逝而湮没在岁月之中，有一些信息则由于属于前沿性领域，而仅仅停留在行业的销售记录、会议简报、测试报表或产品数据之中，科技创新成果多是突发性的，因此不可能总是以标准的、可检索的方式出现，大量的现有技术存在于审查员的检索资源之外。这些信息是在知识产权局的数据库中无法找到的，数据表明在某些行业如计算机代码清单、纳米科技、基因工程等领域，发明人比审查人员拥有更多的专业技术信息，审查人员在对这些行业的专利进行审查时将面临极大的挑战。

新专利权客体范围的扩展也带来了专利技术文献储存量不足的问题，

根据世界知识产权组织的数据，80%以上的发明成果在专利文献中可以检索得到，剩余的大多储存在如书籍、论文期刊等其他文献之中，因此专利审查人员在审查时大多依靠知识产权局的数据库。但由于新专利权客体范围的扩展，如商业方法专利、基因专利、软件专利等新型专利开始进入审查范畴，这些新型专利之前并无在先技术专利，造成这些类型技术的专利储备量非常缺乏，知识产权局无法建起比较完备的文献数据库。依据这样的数据库，专利审查人员做出的检索效果可想而知，也造成公众对新类型专利的劣质化问题忧心忡忡。

即使审查员能够检索到所有专利数据库和技术文献数据库，但是由于时间和效率的问题，审查人员阅尽所有的技术文献同样是不可能的，审查人员必须利用有限的时间和资源完成相应的审查程序，因此他们不可能穷尽所有文献去寻找所谓现有技术。在实际工作中，审查人员更多地是依据专利文献数据库进行检索和审查，只有在极少数的情况下才会阅读其他的科技文献，而穷尽一切可能去寻找所谓现有技术则完全不现实。

在专利审查的工作流程中，由于专利数据库和技术文献数据库的先天不足，对专利新颖性和创造性构成影响的在先技术存在自始被排除在流程之外的可能。从审查人员的角度来看，坚持审查和授权的质量不仅意味着自己工作量增加，更导致审查滞后而引起公众不满，专利审查把关不严的情况很难完全避免。在审查质量和效率难以兼顾的情况之下，出于对专利技术的保护或是授权之后无效程序的信赖，其往往倾向于授予专利权。

现实环境的不完美，使得专利申请人和审查人员只能作出次优的选择。技术成因与专利激励制度共同作用，最终使得我国专利呈现劣质化、廉价化、闲置化、泡沫化、工具化的后果。

三、竞争成因

企业是市场竞争的主体，又是专利申请的主体，专利的转化最终都必须通过企业进行企业；既是专利激励制度的激励对象，又是专利激励制度异化的要因。从激励的角度而言，竞争成因是指市场主体受专利激励制度影响，在市场规则作用下的主动或被动选择。从政府管理角度而言，专利制度能够促进科技和经济发展，提升社会福利；从专利权人角度而言，专利权是一种无形资产；从市场竞争角度来看，专利又是一种竞争工具。

（一）占领市场先机的使然

专利是竞争的工具，市场主体利用专利布局来扩大自身的市场优势，随着专利逐渐成为市场竞争的战略性要素，市场不断发现专利的新作用。譬如，强势市场主体为谋求更大利益，主动利用与专利相关的法律、经济、科技等手段进行运作，如"专利圈地""专利标准化""专利税收""专利海盗"等。

"专利圈地"是指市场主体在自己的产品技术领域之外积极申请专利，并利用专利权对竞争对手形成威慑，使其不敢进入自己的技术领域，以确保自己的市场安全的策略，其还可以用于市场限制，阻碍对手发展圈地内的市场。"专利标准化"又称专利与技术标准结合的战略，如"欧洲打火机标准"等，也即强势市场主体通过政府行为将技术标准与专利结合起来，规定市场内产品必须符合某一标准，而实现这一标准的技术又落入强势企业的专利保护范围的策略。通过专利标准化战略，可以将竞争对手完全排斥在市场之外。"专利税收"或称为专利许可费战略，指强势市场主体通过将专利许可给其他企业，在授权其利用专利技术进行生产的同时收取许可费，通过收取许可费削弱对手的竞争力同时壮大自己的经济实力，并且利用合约或者途径优势变相对被许可企业进行捆绑，谋求市场垄断的策略。"专利海盗"又称专利钓饵，通常是由专利运营公司启动的，其通过各种方式获得大量专利，然后通过以诉讼相威胁的手段来获得高额赔偿或者强迫被诉企业交纳专利许可费的策略。

（二）保持市场地位的使然

市场主体申请相关专利既有可能是为了抑制竞争对手、抢占市场先机，也有可能仅仅是保证市场地位的需要。在这个目的下产生了如"专利圈地预防""交叉许可准备""专利联盟""边缘专利"等策略,保持市场地位策略的实施同样需要大量的授权专利,并催发了专利丛林的形成。

"专利圈地预防"是指企业为了防止抄袭和模仿,而对技术创新及时申请多项专利,或为防止竞争对手在自己所在的技术领域进行专利布局,而预先申请专利进行圈地。"交叉许可准备"是指企业为避免相互侵权,防止竞争对手对自己实施专利封锁,而持有对方的必要专利,为未来诉讼、谈判或交叉许可提供准备。"专利联盟"是指联盟企业以"专利池"等形式,在联盟企业间对专利实施相互许可,从而保证联盟内专利开放而对联盟外实施封锁,以形成行业技术垄断的策略。"边缘专利"是指相对弱势企业由于缺乏自主核心知识产权,因此不得不在竞争对手的专利周边开发大量技术,申请周边专利,以期为实施专利交叉许可或诉讼谈判提供筹码等。

高科技背景下的产品经常融合如生物、材料、机械、电子、物理等多领域的知识,从而形成非常复杂的专利网,而企业的生产需要获得整个网中的所有授权,这将迫使企业之间进行谈判交换,而专利数量的增加显然有助于企业谈判位置的提高。因此,大量申请专利是企业的优选策略。另外,由于保护力度的强弱不一,企业新产品在推出过程中,也有试图将各个领域、环节都纳入保护之中,形成强有力的专利包,以维护自身利益的冲动,因此在一个实用技术上,专利的密度不断提升。专利的数量和密度的增加,加上各个企业之间的专利竞赛,使得"知识产权形成了一个茂盛的丛林"。专利丛林能够为专利权人构建专利壁垒,使其获得超额利润的同时,也堵塞了壁垒外企业的创新途径,给科技发展带来负面影响。

(三) 抑制竞争对手使然

司法保护是保护专利权最有效的手段,也是维护专利权的最后堡垒。然而企业对专利的运用,却并不完全是依照"侵权—诉讼"的模式进行的。在实践中,企业诉讼策略选择通常会基于现实背景,而我国司法保护的现实背景有以下特点:一是由于侵权损失难以确定,多数判决赔偿金额不高；二是无论从司法导向上或是侵权识别技术难度上考虑，法院都倾向于让双方进行和解了事，因此多数专利诉讼都是以调解或和解的方式结束；三是诉讼周期较长，一个完整程序需要两到三年时间，而且存在执行难的问题。司法对专利保护的欠缺，使得动用司法保护成了企业的最后选择，由此产生了如"筹码准备""专利均衡""市场抑制""主动侵权"等法律博弈策略。

"筹码准备"是指企业为获得更大的谈判优势地位而申请更多的专利，不顾其是否真正具备"可专利性"或对方是否存在侵权可能，直接将授权专利放到"谈判桌"上作为筹码的行为，如"专利海"战术，其"性价比"非常之高。而一旦有企业开始这种策略，其竞争对手也不得不跟进，形成一种恶性竞争。"专利均衡"是指为了防止对方提起侵权诉讼，而持有对方的某些专利，以便在对方提起诉讼时，可以作为反制的手段提起反诉，从而将对方拖至"谈判桌"前，或是形成互不起诉的冷战局面，或是达成诉讼和解，或是形成相互许可的局面。"市场抑制"是指为了阻止后发的竞争企业争夺市场，在竞争者的产品周边配置某些相关专利加以"阻吓"，使得谨慎的后发经营者停止市场开发，错过产品的生命周期。"主动侵权"是指专利司法保护不足，使得侵权企业认为侵权是一种获利行为而选择主动侵权。

现实背景使得企业在选择司法保护预期上，觉得专利权是一种赔偿金额低且要较长时间才可能实现的权利，专利价值与技术水平关系不大，数量重于质量。在这样的情况下，企业选择专利经营策略以期给企业带来远大于经典"侵权—诉讼"模式的利益。因其自有独特的获利方式，并非依照专利技术公开对应社会贡献而获得报酬的机制进行的。所谓战争服务于政治，专利诉讼也可以看作一种专利战争手段，服务于企业经营的目的。在这种思维下，专利诉讼手段变化多端，法律正义让位于现实中的利益。

（四）竞争与专利激励的关系辨析

在知识产权经济时代，企业的市场竞争不但要拼质量拼价格，更要拼专利，专利权能够让企业借助政府强制力而直接排除市场竞争对手。作为一种竞争工具，专利制度发源于市场经济，离不开市场竞争，而专利激励制度是专利制度的一部分，同样受到市场竞争规则的影响。

"巧妇难为无米之炊"，市场主体欲实施上述策略，前提是必须能够获得大量的授权专利，才有可能对其积极利用，从而实现占领市场、排挤对手的目的。相较于专利的质量，专利的数量才是策略成功的关键。作为专利的使用方，无论是用于市场竞争还是并购合并，市场主体拥有的专利越多，就越能够占据更多的优势，所以专利的申请量和保有量是市场竞争必须争夺的高地。所谓"未雨绸缪"，正是指企业为了获得最大利益而大量申请专利的行为。正如前文分析，由于竞争中专利数量比质量重要，专利申请的数量虚增，强势市场主体滥用专利权、竞争者主动侵权等行为将不可避免。

就激励制度背后的市场规则而言，一方面专利法律策略的运用是有成本的，而专利激励制度改变了专利法律策略的成本核算机制，如"外生性"激励中对专利申请资助制度极大地降低了专利的申请维持成本，使得企业可以肆无忌惮地大肆申请专利，起到催化剂的作用；另一方面企业专利法律策略的运用，迫使其竞争者陷入专利竞赛，反过来又刺激了原有企业进行专利申请。专利激励制度极大地降低了企业专利法律策略的成本，对专利申请形成（正）激励；专利法律策略本身对专利申请也有（正）激励作用，两者形成合力，造成对专利申请行为的过度激励。

从更高的角度而言，广义专利制度的运行遇到了新情况。"外生性"的激励机制与市场运行规则发生了不良反应，专利激励制度在诉讼策略的推动下，异化后果将更加严重。换言之，此时专利激励制度并不是独立地发挥作用，其与市场的商业运行规则并行，专利激励制度被企业利用作为商业竞争中的调节器或催化剂，导致专利激励制度的异化加剧。

四、政策成因

与技术因素对激励环境的影响相似，政策因素同样影响着专利的激励环境，如前文所述，部分政策因素促使公众选择发生异化，归属至主观成因之内；部分政策因素则直接作用于专利激励制度的运行环境，破坏了制度环境的设计平衡，最终导致专利激励制度的异化。

《上海市专利申请费、代理费资助办法》（1999 年）当属我国首个出台的专利资助政策，其目的在于通过降低申请、授权的成本，鼓励专利申请，促进科技发展和发明创造。由于政策实施的效果良好，极大地推动了上海地区的专利数量增长，为其他地方具体专利激励政策的实施提供了良好借鉴。时至今日，全国绝大多数的省、直辖市均有资助政策及配套措施，虽然资助名目、范围、方式、对象不尽相同，但大都通过某种方式（包括且不限于资金）对专利申请、登记、实质审查、授权、年费等进行补贴或奖励，在多数情况下，补贴的费用足以填补专利申请的政府费用乃至专利申请过程的代理机构费用，遂极大地激励了专利申请人的热情，推动一波接一波的申请浪潮。

众所周知，专利制度既属于法律范畴，也属于经济范畴，专利激励制度从属于专利制度，必须遵循其背后的市场规则。为了激励发明人的创造公开，政府提供了保护的服务，对此申请人需要支付相应的申请费、年费等费用；为了保证专利的质量，政府对专利进行审查，申请人需要支付专利的审查费等费用。这本是专利制度的设计中的平衡体现，起到以经济杠杆优化全社会利益的作用。从经济学角度看，一方面以申请费用、审查费用抑制劣质专利的申请冲动，另一方面通过年费引导更多专利技术提前进入公共领域，申请人因对创新技术被利用产生的利润期望而申请专利，并支付相应费用，在审查授权之后获得利益，并在利益不足以补偿年费支付时放弃专利，这也是专利年费逐渐提高的本意，体现着专利制度设计的效率考量。申请费、实质审查费、授权费、年费等作为申请人的成本，有助于促使申请人正确对待专利申请，从而起到平衡申请人与社会的利益，防止专利激励制度出现异化的作用。

专利制度的设计本是以权利人履行相应义务为前提的，义务履行的缺失将导致权利难以得到保障，缴纳专利申请费、年费本是权利人的主要义务，却为各类专利资助政策所抵消，而保护却依旧存在。这些资助政策破坏了上述的制度设计平衡考量，极大地削减了专利申请人的申请成本，专利申请人的申请成本降至为零或为负（申请专利不但不需成本，反而有赚），专利申请人无须再衡量申请的成本及授权的可能性，其最优的选择便是大量申请专利，而政府对于专利的审查能力终归是有限度的，姑且不论是否需要实质审查，面对源源不绝涌来的零成本专利，专利审查人员根本无从做到完全审查并避免错漏，专利劣质化的问题完全无法避免。

近年来，面对越来越多对于专利劣质化、泡沫化问题的抨击，各地也在逐步调整专利资助政策，如改为发明专利授权后资助等，以图在保持数量的基础上重视质量，然而资助政策总归是政府这只"看得见的手"对市场实行干预的行为，对专利制度的干涉依旧无法避免，且仍存在上级考核等人为因素，无法做到只重视质量不重视数量，因此在较长一段时间内，专利资助政策对专利激励制度的异化影响将无法避免。

第三节　我国专利激励制度存在的缺陷

凡事有果必有因。我国专利激励制度异化主要在于："内生性"激励多数不足，而"外生性"激励多数过强。换言之，在市场激励不足的背景下，没有强化市场激励，而在行政激励上下工夫，导致专利激励制度的重心相对于专利制度产生偏移。

一、"内生性"激励层面

专利"内生性"激励多来源于核心专利制度，主要包括专利授权的激励、保护的激励等方面，这也是目前我国专利激励制度异化的重点，现介绍如下。

（一）专利申请制度之授权门槛过低

从激励层面观察，专利授权门槛过低可以视为授权激励过度。众所周知，我国的专利授权审查制度，与世界上多数国家一样都采用审查制。专利审查又可以分为实质审查制和形式审查制两种形式，我国采用的所谓初步审查制也属于形式审查制的一种，其与形式审查的差别仅在于针对明显的实质性缺陷进行审查。另依《专利法》规定，我国发明专利采用实质审查制，实用新型专利和外观设计专利则采用初步审查制。❶ 这是近年来为了提高专利质量，特地将原先专利形式审查制升格为初步审查制，以减少授权激励的力度，防止专利劣质化的措施。

与实质审查相比，形式审查制或初步审查制在为专利申请人带来便利的同时，也导致大量不具备"可专利性"的申请获得授权，加剧专利劣质化问题的出现。实践中大多数被无效的专利都是未经实质审查的实用新型专利和外观设计专利，这也成为我国专利制度最容易被诟病的地方，以至于有不少学者提出"废除形式（初步）审查制度"。

然而直接废除形式（初步）审查制又似乎困难重重。首先，鉴于科技竞争的相对弱势地位，我国急需某种措施来保护本国具备某些创造性的发明创造，实用新型专利及外观设计专利制度恰好符合这一条件。其次，我国当前没有足够的经济和科技实力去进行发明专利竞赛，若全部采用实质审查制度无疑将大大削弱我国企业申请专利的积极性，在国际专利竞争中将更加处于被动地位。最后，采用实质审查制度将使得现存的五六百万件实用新型专利及外观设计专利处于尴尬的位置，这些专利俨然构成我国企业所持有的知识财富，采用实质审查制度必然使得其市场价值锐减，加剧专利的泡沫化，给专利权人带来巨大的损失。

鉴于上述原因，近年来中国对于形式审查制度设置了越来越严格的条件，如对实用新型专利改为采取初步审查制进行审查，将对形式上缺陷进行审查升级为对具有明显实质性缺陷进行审查。❷ 也有学者认为可进一步

---

❶ 《专利法》第40条规定："实用新型和外观设计专利申请经初步审查没有发现驳回理由的，由国务院专利行政部门作出授予实用新型专利权或者外观设计专利权的决定，发给相应的专利证书，同时予以登记和公告。实用新型专利权和外观设计专利权自公告之日起生效。"

❷ 中华人民共和国国家知识产权局：《中国实用新型专利制度发展状况》，载《中国知识产权报》2012年12月21日，第5版。

严格为准实质审查制度，所谓"准实质审查制度"是指实用新型专利在授权审查时仍旧采用初步审查制，申请人获得了实用新型证书却不能行使权利，必须经过实质审查才能真正获得实用新型专利权，否则无法对实用新型专利侵权行为提出行政处理或诉讼。

总体来看，虽然现在废除形式审查制度并不现实，但长远来看，针对这一问题的争论将长期存在。从激励角度观察，防止授权门槛过低在于找到一个合适的激励机制，既能够保证专利的质量，又能够鼓励发明人进行专利申请。对此，在对专利激励制度改进的思路上，可以考虑对激励进行方向分离。从发挥现有专利制度作用的角度，保持现有专利审查制度，同时完善专利权评价报告制度是可行的途径，一方面通过维持现有专利审查制度保持对发明人申请专利的激励，另一方面通过提高专利权评价报告的合格要求以抑制低质量专利的申请。

（二）专利保护制度之法律位阶过低

从价值追求的角度而言，专利保护制度追求的价值有正义、公平、效率、秩序、安全等。这些价值追求源自不同部门，通常其价值精神并不尽一致。如时效制度之于效率的意义或不当得利制度之于正义的意义，不同法律制度体现的价值依据和价值追求难免有先后之分，因此相互冲突是不可避免的。从激励层面观察，制度的冲突必然导致激励效果的弱化。至于国内法和国外法中的冲突，由于其与一国对专利采取的态度相关联，更是天差地别。在国际竞争中，不同的国家基于自身科技经济的不同，往往采取截然不同的保护措施，而限于国际专利条约的签订，这些国内与国外相冲突的法律制度被突然放在一个台面上进行博弈，更是斗粟尺布，难以调和。

如体现在专利保护制度的冲突有：人身自由与社会秩序或公共道德之间的冲突，具体表现为某些相关的发明不能得到专利制度保护；或由于公私利益的冲突，私人利益很可能因为公众利益被剥夺，而导致专利保护弱化的事实。在实践中，政府行为很容易对专利保护制度产生影响，如前些年国务院讨论是否要"取消专利代理人资格证"来"约束政府权力，增强市场活力"等；加之刑法、民法、经济法于知识产权制度中蕴含的相关价值各不相同，实践中以何者为优先考虑的对象，亟待一个更高位阶的法律制度加以规范。

市场经济中，每个个体作为经济人，为追求最大利益而进行社会劳动，不能强求其站在公共利益的角度思考问题，随意剥夺社会个体的权益，必然导致其主观能动性下降，导致社会产出的跌落。而公共利益则满足大多数人的需要，其关系到整个社会的健康发展，由各种法律制度和政府行使公权力加以维持，在社会运行中处于主导地位。为了保证个人利益最大化和社会利益合理化的平衡，各方面的利益要得到照顾。专利权的法律渊源来自专利法，但限于篇幅，专利法对个人利益和公众利益的分割并不见得完美无缺，在出现缺漏时，专利权人的利益难免受损。究其原因，在于公众利益如财产权来源于宪法的保护；而专利权虽然来源于劳动，同样是公民天生的权利，属于宪法保护的范畴，却在宪法保护中缺失，一旦利益冲突，专利权得不到兜底法律的保障。

从更高的角度而言，对公权和私权的分割，需要各方的妥协。专利制度的矛盾在于专利权人和社会公众之间的利益冲突。专利激励制度的设计者应当寻找公权和私权的平衡点，并进行清晰分割，以激励发明人的创新热情，保证知识产权产品的生产。从强化激励的路径看，提升专利保护制度的法律位阶，甚至提升到宪法的位置，能够更好地保护发明人的权益，并且保护公共利益，是对发明创造最好的激励。

（三）侵权诉讼制度之审理期限过长

在专利（尤其是实用新型专利或者外观设计专利）侵权案件的审理过程中，如果当事人提起专利无效宣告程序，法院很可能会视情形决定中止审理，等待专利复审委员会作出宣告决定后再继续审理，这是专利案件审理过程中的诉讼中止制度。诉讼中止制度设立的原意是为了保护公众利益，避免公众因为"不合格"专利而受到不必要的损失，同时对"滥诉"

进行负激励，敦促其通过如"专利权评价报告"确定自身权利是否稳定，再提起诉讼。

然而实践中专利无效程序持续时间往往长达 1 年，遇到较为复杂的案件，甚至可能长达 2～3 年；而在专利无效宣告程序中，一旦发生专利权属争议，还可引起专利无效宣告程序的中止。从专利侵权案件一审到二审，加之专利权无效程序（专利无效宣告程序、专利无效诉讼等），极易引发"循环诉讼"现象。一旦发生"循环诉讼"，整个诉讼时间可能持续5～6年乃至更长，甚至比专利的存续期还长。而某些专利（尤其是外观设计专利）产品的生命周期只有一两年，往往订单出货期结束之后案件还在审理之中，这从激励层面而言是一种激励弱化。

从司法实践上看，面对专利侵权诉讼，被告一般都会采用宣告专利无效程序予以抗辩，试图通过消灭专利权而使诉讼缺失权利基础；即使不能达到目的，也可达到拖延诉讼的目的，或是增加专利权人的成本，以迫使其调低诉讼期望，为下一步诉讼争取更多筹码。

诉讼中止制度导致专利案件审判效率低下，专利司法保护不尽人意。为了提高专利侵权案件的审理速度，《最高人民法院关于审理专利纠纷案件适用法律问题的若干规定》第 9 条第（1）项规定，原告持有专利权评价报告未发现无效事由的，可以不中止诉讼。❶ 但作为加快专利侵权审理的重要文件，专利权评价报告同样有明显的缺陷。

根据《专利法》第 61 条第 2 款❷，专利权评价报告是一种行政机关出具的评价意见，其是审理、处理专利侵权纠纷的证据。从实践角度看，类似于权威鉴定机关出具的鉴定意见，但却明确规定评价书不具备可诉性，对于能否在法庭上对鉴定人进行质询，则未作具体规定；同样，在《专利

---

❶ 《最高人民法院关于审理专利纠纷案件适用法律问题的若干规定》第 9 条第（1）项规定："原告出具的检索报告或者专利权评价报告未发现导致实用新型或者外观设计专利权无效的事由的。"

❷ 《专利法》（2008 年修正版）第 61 条第 2 款规定："专利侵权纠纷涉及实用新型专利或者外观设计专利的，人民法院或者管理专利工作的部门可以要求专利权人或者利害关系人出具由国务院专利行政部门对相关实用新型或者外观设计进行检索、分析和评价后作出的专利权评价报告，作为审理、处理专利侵权纠纷的证据。"

法实施细则》（2010 年修订）中，也仅在第 56 条、第 57 条中提及专利权评价报告的请求条件及答复时间，对于上述问题同样未作明确规定；而在《专利审查指南》（2010）的第五部分第十章第 1 条引言第 3 款中❶，则明确提到，专利权评价报告作为一种证据，主要用于判断是否需要中止侵权案件的审理，其不是行政决定，因此，不能作为提起行政复议或者行政诉讼的缘由。

由于制度设计存在的缺陷，使得专利权人不能充分利用专利权评价报告防止诉讼中止，以加速案件的审理；更由于专利侵权赔偿取证的困难（见后文），致使专利权人实质上难以阻止侵权行为，也无法得到充分赔偿。专利权保护缺失致使专利的作用无法发挥，专利的"内生性"激励作用被严重弱化，进而加剧专利廉价化的发生。

（四）专利司法制度之保护力度过低

从专利激励的角度观察，存在于我国专利司法保护中的"赔偿数额低、侵权成本低、维权成本高"问题属于激励的弱化。在各类知识产权之中，专利权的保护力度相较于著作权、商标权和商业秘密尤为不足，其弱化效果更加明显，具体体现在以下几个方面。

1. 刑法保护缺失

从激励层面观察，对专利权的激励力度要低于商标权和著作权。从《刑法》侵犯知识产权罪条款❷看，第 214 条销售假冒注册商标的商品罪，第 215 条非法制造、销售非法制造的注册商标标识罪，都是关于侵犯商标权的对应刑事处罚；第 217 条侵犯著作权罪，第 218 条销售侵权复制品罪是关于侵犯著作权的刑事处罚；第 219 条侵犯商业秘密罪是关于侵犯商业

---

❶ 《专利审查指南》（2010）的第五部分第十章第 1 条引言第 3 款规定："专利权评价报告是人民法院或者管理专利工作的部门审理、处理专利侵权纠纷的证据，主要用于人民法院或者管理专利工作的部门确定是否需要中止相关程序。专利权评价报告不是行政决定，因此专利权人或者利害关系人不能就此提起行政复议和行政诉讼。"

❷ 资料来源：华律网，访问网址：http://www.66law.cn/tiaoli/9.aspx，访问时间：2017 年7 月 11 日。

秘密权的刑事处罚。从中不难发现，在知识产权传统的三大权利体系中，缺少侵犯专利权的刑事处罚条款。根据罪刑法定原则，侵犯专利权的行为几乎不可能被认定为犯罪行为。

专利权缺乏刑法保护不仅意味着侵犯专利权不构成犯罪行为，更重要的是使得专利权人只能靠自我维权的方式维护自己的合法权利，鉴于私力取证的重重困难和侵权人的不配合，权利人很难得到真正的保护，侵权人也很难得到严厉的处罚，极大地削弱了法律对侵权行为的威慑力。法律对侵权行为的威慑，是专利得到保障的基础，因为并非所有侵权纠纷都必须上升到司法程序。从激励层面而言，市场竞争者受到的威慑是专利权人权利实施的最好保障，也是专利"内生性"激励的核心关键。

2. 民法保护不足

排除刑法的威慑力，专利侵权只能依靠侵权赔偿对侵权人实施惩罚。从激励层面而言，这是对专利权的（正）激励和对侵权行为的负激励。但在实践中存在种种不足，导致这种激励非常薄弱。

第一，专利侵权取证非常困难。在司法实践中，经常出现知识产权侵权人不配合，因此无法证明侵权人非法所得，导致最终赔偿金额普遍较低的情况。为应对知识产权诉讼中取证难的问题，《商标法》第 63 条第 2 款❶规定，法院可以责令侵权人提供相关的账簿、资料。反观《专利法》《专利法实施细则》和《专利行政执法办法》，则缺乏类似规定。专利侵权诉讼中，依赖专利权人的自行取证，而专利权人通常没有能力获得对方的盈利情况，从而为法院采取酌定赔偿的方式埋下了伏笔。

第二，惩罚性赔偿条款缺失。根据《商标法》第 63 条❷规定，可以判处一倍以上五倍以下的惩罚性赔偿，而专利权侵权则没有类似规定。惩罚性

---

❶ 《商标法》第 63 条第 2 款规定："人民法院为确定赔偿数额，在权利人已经尽力举证，而与侵权行为相关的账簿、资料主要由侵权人掌握的情况下，可以责令侵权人提供与侵权行为相关的账簿、资料；侵权人不提供或者提供虚假的账簿、资料的，人民法院可以参考权利人的主张和提供的证据判定赔偿数额。"

❷ 《商标法》第 63 条第 1 款规定："对恶意侵犯商标专用权，情节严重的，可以在按照上述方法确定数额的一倍以上五倍以下确定赔偿数额。"

赔偿条款的缺失，导致违法成本过低、维权成本得不到充分补偿，助长侵权行为的肆虐。相关研究报告显示：《专利法》实施 30 多年来，97.25% 的专利判决采用法定赔偿的方式。从法院判决整体的判赔幅度来看，平均额度为 8 万 ~ 10 万元❶，专利权人的利益没有得到很好的司法保护。

第三，赔偿力度及模式不足。从赔偿金额来看，商标权的法定赔偿金额为 300 万元以下，而专利权的法定赔偿金额只有 100 万元。从法律责任承担方式看，《著作权法》第 52 条规定了没收违法所得、侵权复制品以及进行违法活动的财物❷；《商标法》第 60 条第 2 款规定了工商行政管理部门可以没收、销毁侵权商品和主要用于制造侵权商品、伪造注册商标标识的工具❸；《最高人民法院关于审理商标民事纠纷案件适用法律若干问题的解释》（2002）第 21 条规定，法院可以判决侵权人承担停止侵害、排除妨碍、消除危险、赔偿损失、消除影响等民事责任，还可以作出罚款、收缴侵权商品、伪造的商标标识和专门用于生产侵权商品的材料、工具、设备等财物的民事制裁决定❹；而通观《专利法》《专利法实施细则》和《专利行政执法办法》，并没有授权人民法院判处没收违法所得、侵权复制品以及进行违法活动的生产资料的条款。

---

❶ 中南财经政法大学：知识产权侵权损害赔偿案例实证研究报告，来源：中国法院网，访问网址：http://www.chinacourt.org/article/detail/2013/04/id/948027.shtml，访问时间：2017 年 8 月 9 日。

❷ 《著作权法》第 52 条规定："人民法院审理案件，对于侵犯著作权或者与著作权有关的权利的，可以没收违法所得、侵权复制品以及进行违法活动的财物。"

❸ 《商标法》第 60 条第 2 款规定，"工商行政管理部门处理时，认定侵权行为成立的，责令立即停止侵权行为，没收、销毁侵权商品和主要用于制造侵权商品、伪造注册商标标识的工具，违法经营额五万元以上的，可以处违法经营额五倍以下的罚款，没有违法经营额或者违法经营额不足五万元的，可以处二十五万元以下的罚款。对五年内实施两次以上商标侵权行为或者有其他严重情节的，应当从重处罚。销售不知道是侵犯注册商标专用权的商品，能证明该商品是自己合法取得并说明提供者的，由工商行政管理部门责令停止销售"。

❹ 《最高人民法院关于审理商标民事纠纷案件适用法律若干问题的解释》第 21 条规定："人民法院在审理侵犯注册商标专用权纠纷案件中，依据民法通则第一百三十四条、商标法第五十三条的规定和案件具体情况，可以判决侵权人承担停止侵害、排除妨碍、消除危险、赔偿损失、消除影响等民事责任，还可以作出罚款、收缴侵权商品、伪造的商标标识和专门用于生产侵权商品的材料、工具、设备等财物的民事制裁决定。罚款数额可以参照《中华人民共和国商标法实施条例》的有关规定确定。"

客观来说，虽然我国现行的专利司法保护制度对侵权行为具有一定的威慑力，但实践中仅靠民事司法救济，恐怕还不足以有效制止专利侵权行为。因为最好的制止侵权的办法并不是侵权后加以赔偿，而是让竞争者不敢随意侵权。加强专利的刑法保护及建立惩罚性赔偿制度，可望在一定程度上抑制专利侵权行为的扩大化。换言之，应当加强对专利权的（正）激励和对侵权行为的负激励。

二、"外生性"激励层面

"外生性"激励主要来源于边缘专利制度的激励部分，目前"外生性"专利激励制度的异化主要集中在专利行政执法保护层面的激励不足，专利产业化及运营层面的乱激励，以及政府部门绩效考核层面的过度激励上。

（一）专利产业化及运营层面

随着专利激励制度的具体实施，近年来我国专利数量和市场主体创新能力呈现快速提升的趋势。与此同时，出于对专利闲置化的担心，不少地方及部门也出台了相应的激励制度，如为让专利成为质押融资客体、专利权用于出资或者增资、专利权用于促进销售等出台相关激励制度。

在政府的激励下，专利市场化的方式和专利运营也呈现多元化的变化，突破了传统的专利许可、转让等运用方式。新的专利价值实现方式如专利商品化、质押融资、专利圈地等如雨后春笋般不断涌现，专利池、专利标准、专利金融等新的专利运营方式也体现出强大的生命力，正如世界知识产权组织总干事弗朗西斯·高锐指出的，知识产权在世界范围内表现出了竞争行为调节器、利益平衡及融资机制的新特征。❶

在新的专利运营模式下，专利并不一定需要通过产业化才能够实现价值，比如说专利权人可以通过专利体系运营，如形成专利池、专利联盟、

---

❶ 弗朗西斯·高锐：《知识产权的作用再思考》，墨尔本大学演讲，2013 年 8 月，具体内容参见：http：//www. ipo. int/expabout - wipo/zh/dgo/speeches/pdf/dg_speech_melbourne_2013. pdf. ，访问时间：2017 年 6 月 27 日。

专利标准、专利金融、专利集中等形式，或与其他发明人进行合作，通过体系内的知识分享或市场垄断获得超额利益；专利权人也可以通过专利资本化运作如专利质押、专利保险、专利出资等模式获得报酬；专利权人还可以通过集中运营如以诉讼为基础的运营或风险规避等获得利润。

新的专利运营模式使得原来的专利激励制度面临挑战。在原来的专利激励制度中，专利的技术质量和法律质量是其经济质量的首要保障。在专利运营方式多元化的背景下，投资者受限于对科技和法律资源的掌握，可能更倾向于利用专利数量、类别或者技术领域来判断一个专利包的价值。换言之，专利的经济质量可能不再主要由专利技术质量和法律质量决定，而是由数量及技术领域决定，这无疑激励了申请人作弊的主观意愿。

从主观目的而言，行政管理部门推出了各种各样的专利产业化及运营层面的激励，期望能够解决专利闲置化的问题。然而专利市场化和各种专利战略战术的运营，势必导致专利劣质化、泡沫化、工具化的风险极大提高，这是知识产权的新特征。政府在未有明确的判断之前，本应持有审慎的态度，然而相当多的专利行政管理部门出于政绩的考虑，争先恐后地出台各种政策法规进行激励❶，为我国的专利激励制度带来了巨大的异化风险。

（二）政府部门绩效考核层面

自从 2008 年《国家知识产权战略纲要》颁布以来，各省、直辖市在制定知识产权战略纲要时都把专利申请量、授权量、拥有量等指标作为重要考核要件，并将其作为任务分解到下属各市、州，而市、州又进一步细分至区、县，而下属单位需完成任务并作出汇报，并且每年进行排名，以此形成一套完整的考核体系。我国政府具有强大的行政推动力，考核体系下各级部门积极引导专利申请，起到了极大的激励作用。

---

❶ 数据来源：道客巴巴，访问网址：http://www.doc88.com/p-3037108582478.html，访问时间：2017 年 6 月 27 日。

以上海市为例,《上海知识产权战略纲要（2011~2020年）》规定,到2020年,全市每百万人口发明专利授权量将达到900件、每万人口国内发明专利拥有量将达60件。❶ 以深圳市为例,根据《深圳市2007年知识产权指标体系实施情况》,2007年深圳专利申请量达35 808件,发明专利申请量19 198件,每万人国内三种专利年申请量为41.9件,还需列明同比增长,与其他城市比较,省、全国排名等。❷ 尽管近年来出于对专利劣质化、泡沫化的担忧,某些如申请量考核指标有所淡化,但对专利数量的考核并没有减退,如深圳市在2016年知识产权发展状况白皮书中,继续体现如专利申请总量、授权总量、有效发明数、万人发明拥有量、PCT国际申请总量等指标。❸

专利工作的考核集中在数量而不是质量上有其客观原因。由于专利的技术质量难以确定,而且专利技术质量未必能够全面体现专利质量,毕竟专利的法律质量和经济质量同样也是专利质量的影响因素,因此数量考核更易量化,而质量上则只能依据发明的数量进行定性评估。基于现有的考核导向,基层单位或基层专利管理部门盲目追求专利数量,大量的专利资助政策不断出台,或降低专利申请人的申请成本;或鼓励申请人多申请专利,默许申请人将专利分拆进行申请甚至重复申请;或降低对专利代理的

---

❶ 数据来源:上海市人民政府官网,访问网址:http://www.shanghai.gov.cn/nw2/nw2314/nw2319/nw2404/nw30699/nw30700/u26aw32840.html,访问时间:2017年6月2日。

❷ 数据来源:深圳市市场和质量监督管理委员会官网,访问网址:http://www.szscjg.gov.cn/zscq/xxtj/zscqtjfx/201409/t20140930_2588757.htm,访问时间:2017年6月2日。

❸ 原文:"2016年,深圳市知识产权产出继续保持稳定增长,数量和质量均大幅提升,实现多个全国第一。2016年,深圳市国内专利申请量突破14万件,达145 294件,同比增长37.74%,其中发明专利申请56 336件,同比增长40.74%;国内专利授权75 043件,同比增长4.05%,其中发明专利授权17 666件,同比增长4.18%;累计国内有效发明专利突破9万件,达95 369件,同比增长13.67%,每万人口发明专利拥有量80.09件,居全国各大城市第一名,是全国平均水平(7.98件)的10倍,达欧美日韩发达国家水平,南山区有效发明专利密度高达每万人304.39件;PCT国际专利申请量达19 648件,同比增长47.64%,申请量占广东省申请总量的83.35%,占全国申请总量的46.59%(不含国外企业和个人在中国的申请),连续13年居全国各大城市第一名。"数据来源:深圳市市场和质量监督委员会官网,访问网址:http://www.szmqs.gov.cn/zscq/zscqbh/zscqbps/201705/t20170516_6697842.htm,访问时间:2017年6月2日。

资质要求，如西部地区的省内专利代理人或试点地区的两人所制。❶

专利制度作为一种法律制度，其运行设计是以市场经济为基础的，政府的不当引导极易演变成政府"看得见的手"对市场行为的干预，必然对专利制度的运行基础构成影响，绩效考核便是例证。应该承认，在专利意识薄弱、专利市场尚不成熟的情形下，政府适当干预有其积极作用，但情势变迁，在专利激励制度异化后果日趋严重的背景下，随着我国专利市场的不断完善及专利存量达到合理的水平之后，仍利用考核体系过度追求专利数量，显然已不合时宜。

（三）专利行政执法层面

根据之前对"狭义"和"广义"专利制度的划分，专利的行政管理归属边缘专利制度，因此尽管专利行政保护与专利司法保护均是保护专利权的制度，但专利行政管理的激励属于"外生性"激励制度。其激励不足原因在于专利行政保护的力度不足，这是与我国行政执法的实践相关的。

1. 缺乏综合性执法机关

根据《专利法》《专利法实施细则》和《专利行政执法办法》的规定，我国专利行政执法机关主要包括承担组织、协调、指导工作的国家知识产权局❷和负责具体行政执法的省（自治区、直辖市）政府和某些专利量较大的市的专利管理部门❸。但实际上，由于国家知识产权局的执法管理处并没有与职权相对应的人员配置，因此，执法工作只能停留在指导

---

❶ "两代理人建所制"是指原要求三个代理人方可建立一个专利所，而西部地区或试点地区减为二个代理人即可建所的制度。

❷ 《专利行政执法办法》第5条规定："对有重大影响的专利侵权纠纷案件、假冒专利案件，国家知识产权局在必要时可以组织有关管理专利工作的部门处理、查处。对于行为发生地涉及两个以上省、自治区、直辖市的重大案件，有关省、自治区、直辖市管理专利工作的部门可以报请国家知识产权局协调处理或者查处。管理专利工作的部门开展专利行政执法遇到疑难问题的，国家知识产权局应当给予必要的指导和支持。"

❸ 《专利法实施细则》第79条规定："专利法和本细则所称管理专利工作的部门，是指由省、自治区、直辖市人民政府以及专利管理工作量大又有实际处理能力的设区的市人民政府设立的管理专利工作的部门。"

上，并不具体办案。❶

随着经济全球化和物联网的发展，近年来，我国专利侵权行为往往不只局限于一时一地，相同的侵权产品往往同时出现在不同地区，如果没有能够处理大区域的专利侵权执法机构，事事依靠协调、指导，难免贻误时机；加之部分地区由于行政执法人员偏少导致执法力度不足；部分地区存在地方保护主义，单纯依靠地方专利执法机构的执法难免有所不足；更有诱发管辖权争议之弊。综合性执法机关的缺失，使得专利权的行政保护只能以市为单位进行，专利权人不得不进行重复性劳动，且有挂一漏万之弊，对于侵权行为的制止非常不利。

2. 行政机关权力局限

专利行政执法保护层面的激励不足还体现在行政管理部门的权力局限上，与商标权、著作权的行政管理部门比较，专利行政管理部门的权力明显偏小，具体可见以下几点。

（1）专利行政管理机关无权作出罚款决定。根据《专利行政执法办法》第43条❷规定，对于侵权行为，专利行政管理机构可以作出责令侵权人停止侵权，销毁模具、产品的决定，或是调解侵权纠纷；对于假冒专利行为，可以作出处罚决定。但《专利行政执法办法》没有赋予专利行政管

---

❶　宁立志等：《专利行政执法之制度思辨》，载《珞珈法学论坛（第十三卷）》，武汉大学出版社2014年版。

❷　《专利行政执法办法》第43条规定："管理专利工作的部门认定假冒专利行为成立的，应当责令行为人采取下列改正措施：

（一）在未被授予专利权的产品或者其包装上标注专利标识、专利权被宣告无效后或者终止后继续在产品或者其包装上标注专利标识或者未经许可在产品或者产品包装上标注他人的专利号的，立即停止标注行为，消除尚未售出的产品或者其包装上的专利标识；产品上的专利标识难以消除的，销毁该产品或者包装；

（二）销售第（一）项所述产品的，立即停止销售行为；

（三）在产品说明书等材料中将未被授予专利权的技术或者设计称为专利技术或者专利设计，将专利申请称为专利，或者未经许可使用他人的专利号，使公众将所涉及的技术或者设计误认为是他人的专利技术或者专利设计的，立即停止发放该材料，销毁尚未发出的材料，并消除影响；

（四）伪造或者变造专利证书、专利文件或者专利申请文件的，立即停止伪造或者变造行为，销毁伪造或者变造的专利证书、专利文件或者专利申请文件，并消除影响；

（五）其他必要的改正措施。"

理机构对侵权行为作出罚款或者赔偿损失的权力。反观《著作权法》第 48 条❶及《商标法》第 60 条❷，均赋予了行政执法机关行政处罚权，且金额较大，如依《商标法》第 60 条规定，罚款金额可高达 25 万元。由此观之，专利行政保护力度偏弱是不容否定的事实。

（2）专利行政机关无法主动执法。譬如，根据《著作权法》第 48 条的规定，著作权管理部门有权主动对侵犯著作权的行为进行执法，《商标法》第 61 条❸也授予了主动执法的权力，唯独专利行政机关对专利侵权的执法行为是依申请而启动的，行政执法缺乏自主查处权，不仅导致专利权缺乏事前事中的保护，更迫使专利权人为了得到行政保护，不得不自行收集证据，远赴异地提起行政诉讼。

（3）行政执法效果差。行政执法缺乏赔偿手段，专利权人损失无法从行政执法中补偿，难免让专利权人产生"打赢官司输了钱"的感觉，进而不愿意提起执法请求；而处罚权的缺失更削弱了行政机关对侵权人的威慑力，导致专利侵权纠纷的调解屡屡难以起到有效效果；加之与商标权、著作权的行政管理部门比较，只有某些专利量较大的市的专利管理部门才有行政执法权，区县级别的专利管理部门并没有执法权限，行政机关的权力局限极大地增加了专利权人维权成本，浪费专利行政执法资源，不利于打击侵犯专利行为。

---

❶ 《著作权法》第 48 条规定："有下列侵权行为的，应当根据情况，承担停止侵害、消除影响、赔礼道歉、赔偿损失等民事责任；同时损害公共利益的，可以由著作权行政管理部门责令停止侵权行为，没收违法所得，没收、销毁侵权复制品，并可处以罚款；情节严重的，著作权行政管理部门还可以没收主要用于制作侵权复制品的材料、工具、设备等；构成犯罪的，依法追究刑事责任……"

❷ 《商标法》第 60 条规定："……工商行政管理部门处理时，认定侵权行为成立的，责令立即停止侵权行为，没收、销毁侵权商品和主要用于制造侵权商品、伪造注册商标标识的工具，违法经营额五万元以上的，可以处违法经营额五倍以下的罚款，没有违法经营额或者违法经营额不足五万元的，可以处二十五万元以下的罚款。对五年内实施两次以上商标侵权行为或者有其他严重情节的，应当从重处罚。销售不知道是侵犯注册商标专用权的商品，能证明该商品是自己合法取得并说明提供者的，由工商行政管理部门责令停止销售……"

❸ 《商标法》第 61 条规定："对侵犯注册商标专用权的行为，工商行政管理部门有权依法查处；涉嫌犯罪的，应当及时移送司法机关依法处理。"

（4）司法执法与行政执法之间缺乏衔接。值得一提的是，我国各级人民法院并没有对专利行政机关的调解文书作司法确认的程序，导致纠纷双方即使花费大量精力达成行政执法调解之后如果碰到有一方反悔，则之前达成的协议便只能作废。专利权人为了获得保护，只能重新提起侵权司法诉讼，或者以调解文书为由，请求法院强制侵权人履行。重复申请执法使得专利权人疲惫不堪，专利的廉价化思想更加根深蒂固，公众对专利权的无视心态更加积重难返。

三、"内生性"与"外生性"衔接层面

（一）制度缺乏顶层设计

当前全球正全面进入知识产权时代，发达国家期望通过建立国际知识产权制度维护自身政治经济利益，新兴国家试图通过参与国际知识产权制度的规则制定来影响利益分配格局，而我国目前的国家战略对知识产权国际合作有迫切需求。从国内角度来说，我国正处在知识产权大国向强国转变的关键时期，知识产权对科技经济发展有巨大的助推力，科技经济的发展也将使得知识产权出现爆发式发展。面对世界发达国家知识产权战略的挑战，我国也应当建立积极的专利激励制度加以应对。

然而我国专利激励制度并没有完整的体系，其散见于法律、行政法规、部门规章、地方性法规、司法解释及其他行政规范性文件之中。为了解决现行专利制度中的不足，实现不同的工作目标，各立法、行政部门分别出台自己的配套激励制度，这些激励制度包含各种法律、法规及规范性文件，内容非常繁复，真可谓浩若烟海。但由于缺乏全面有效的激励制度顶层设计，以至于"头痛医头、脚痛医脚"，又表现出文件效力错综复杂，且不乏因地方主义或部门利益而忽视《专利法》本意的"恶法"存在等问题。即使 2000 年后有《立法法》加以规范，并且采用了"备案审查"制度，但限于各主体的复杂性，审查机关很难准确辨析裁判；而且所谓"备案审查"，很多时候仅仅就是"备案"，流于形式，实践中也未必能够防止

"恶法"产生，并且建立各个法律及规范性文件之间的和谐秩序。

为解决专利激励制度缺乏顶层设计的问题，似乎应当寻求统摄全局的纲领性文件。从法律位阶而言，宪法作为我国的根本大法，其在法律体系的位阶足以统摄全局，解决顶层设计的问题，进而指导地方层面立法机关或各部委出台各种法律法规解决各自难题。解决统摄全局的纲领性法律文件，不同来源的专利激励制度形态各异、互不统属，甚至与上位法相冲突的问题也将迎刃而解。

（二）制度缺乏协调清理

在专利激励制度缺乏制度顶层设计的同时，制度之间缺乏衔接协调的问题也较为突出。如传统的激励措施与现有的激励措施之间、本体制度与配套制度之间、行政保护措施与司法保护措施之间等，都缺乏协调清理。因而使得同一专利的价值在不同制度下体现出明显落差，搅乱公众对专利价值的正确认识，成为专利激励制度异化的重要诱因。

众所周知，专利的价值在于技术价值、法律价值和经济价值。经济价值是专利权人获得激励来源之所在，也是"天才之火添加利益之油"的本意。然而，在专利激励配套制度具体考核指标的制定中，考核部门似乎较为注重专利的类型、申请数、授权数、PCT 数量等指标的应用。与此同时，被激励人似乎也表现出对行政奖励的兴趣高于市场奖励的倾向。根据中国社科院的一项调查报告显示，有 57.3% 的科学技术人员认为申请发明专利不如申请院内外科学技术奖金获得的物质报酬多；有 53.6% 的科学技术人员认为获得奖励的荣誉比获得专利权更好。❶ 对此，我们不得不遗憾地说，实践中受制于经济、社会、技术、法律等因素的影响，专利激励本体制度存在"内生性"激励不足的问题，采用诸如金融、人才、税收、政府采购等外生性配套制度似乎更能带来直接、快捷的激励效果。专利激励制度与

---

❶ 郑绪涛：《我国专利制度在激励技术创新方面存在的问题及其优化措施》，载《市场论坛》2007 年第 8 期。

制度设计者的追求有了偏差，专利激励制度出现异化，已是不容否认的现实。

专利激励制度异化后果是我国现行制度不得不面临的困境，来源于现行专利制度激励不力。而专利激励制度又出现异化，其严重阻碍我国知识产权战略的实现。面对这些问题，政府也曾经出台各种法律法规进行调整，但限于缺乏总体顶层设计，各立法、行政部门从自己立场出发出台的制度不相协调，反而加剧了专利激励制度异化的态势。对此，笔者以为，必须先行确定统摄全局的纲领性文件，再根据纲领性文件，对不符合上位法规定或不合时宜的激励制度进行协调链接或者清理整合。

从追求专利制度的激励本意而言，应当大力清理不符合专利法本意的配套激励制度，如前文所述的专利作为职称评定加分因素、居民落户加分因素、服刑人员减刑的加分因素、学校招生加分因素、企业资质认定关键因素，申请专利可以获得政府奖励、专利联盟奖励等相关制度。上述各制度均是立足于本地区，服务于本地区的经济科技目标的激励配套制度。这些制度多为通过行政奖励诱使发明人申请专利，极大地转移了发明人对专利经济质量的追求，也即市场奖励应有的期待，同时也削弱了发明人应当承担的社会责任，客观上已经对《专利法》试图构建的科技创新环境和公平市场竞争环境造成极大的破坏。这些制度既不符合上位法的立法本意，在现阶段也显得不合时宜，应当予以清理整合或者废止。

第四节　我国专利激励制度的应然价值

正如前文所述，我国通过增加现行专利法律法规，辅以其他法律、行政法规、部门规章、地方性法规及其他规范性文件、司法解释等，不断扩大我国专利激励机制的内涵，形成了我国独特的专利激励制度。从我国专利激励制度与专利制度的内在关系来看，其应当与专利制度的价值目标契合，然而其又脱胎于专利制度，故而应当与专利制度的着重点有所不同。

考虑到我国专利激励制度的创设环境变化和时间推移，其着重点除了专利制度本来追求的目标之外，还应该注重对专利的产出和运用进行推动，以期应对国际专利竞争。

一、促进有序竞争

竞争是市场经济的基本特征，有序竞争是专利制度的价值追求，也应当是专利激励制度的价值追求。在正常的市场经济条件下，市场主体各尽所能，为自身发展而进行竞争。市场则通过竞争实现优胜劣汰，进而实现生产要素的优化配置，这是市场竞争的规律。专利可以在一定期限及地域内实施垄断以排除竞争，帮助市场主体获得竞争优势，因而是一种有效的竞争工具。在知识经济时代，知识产权是企业核心竞争力资源，作为理性市场主体，企业通过投入资金进行研发，实现技术突破，进而申请专利，垄断市场，获得超额利润，再将利润投入生产及研发中，实现发展的良性循环。

如前所述，专利激励制度异化势必影响专利市场正常运行，对有效竞争产生负面效应，破坏公平有序的市场竞争环境。如"作弊"企业大量申请劣质专利，利用劣质专利作为垄断市场工具，或者用劣质技术套取资金等行径，使得将资金投入研发的行为不再是企业赢得市场竞争的较优策略，甚至出现"劣币驱逐良币"的效果，专心搞研发的企业竞争不过"作弊"的企业，如专心研发的企业研发的成果容易被模仿者抄袭不能获得较大利润。而"作弊"企业则可以将研发的资金省下来扩大生产，再花费极少成本申请大量的劣质化专利用于垄断市场，待竞争对手新产品出来后再采用抄袭手段等。由于我国对专利侵权的处罚力度偏小，加上"作弊"企业往往拥有大量劣质化专利作为威慑手段，在这种情况下，专心搞研发的企业往往不敢贸然启动诉讼程序，最终在长期的博弈中输掉市场竞争。

竞争推动进步，社会进步需要有序的竞争，然而无序的恶意竞争带来的只会是多输局面。在市场经济中，有序的市场竞争能够促进专利发挥推动技术创新和科技进步的功用。良好的专利激励制度有助于推动科技发展，帮助专心搞研发的企业打败"作弊"企业。这是制止不正当竞争、维护市场秩序的有效途径。

二、推动技术创新

知识经济时代，企业利益主要来源于科技创新，而知识产权制度对发展企业科技能力和促进科技进步具有重要的作用。由于科技创新具有不确定性，新技术开发无不存在较大的市场风险和经济风险，对于投资者而言，这种风险必然要求有足够的收益回报，专利制度是科研投入获得收益回报的保证。因此，专利激励制度的价值追求要体现在其对专利制度的维护及增添上，且不得削弱专利制度的作用。只能在专利制度推动科技创新的基础上，合理增加激励因素，推动企业创新发展。

首先，良好的专利激励制度能够更好地吸引知识技术密集型的外国企业投资和技术转移。在专利激励制度异化的环境中，出于知识产权侵权损失或者规避投资风险的考虑，外国资本将减少对我国进行技术密集型产业的投资，导致流入我国高新技术领域的投资不可避免地减少。而良好的专利激励制度，则有助于吸引先进技术流入我国，技术流入不仅能够在国家范围内推动技术创新，还将促进全球不同地域的技术向本土流动。

其次，良好的专利激励制度能够帮助企业找到研发方向，避免科学研究上的资源浪费。在合理专利激励机制下，企业要想超越对手，必须依托自身的核心竞争力——专利，而且符合市场需求的科技才能够获得更加充足的利润。良好的专利激励机制能够加快市场的优胜劣汰，帮助企业选择研发方向，不至于在错误无用的方向上投入过多精力。

最后，良好的专利激励制度是鼓励企业不断投入研发成本、进行科技创新的保证。进行科学研究、技术开发需要合适的环境，良好的专利激励制度能够更好地建立一个重视科技的环境，驱动市场参与者积极参与科技创新竞争。改善技术投资环境，科技研究需要投入获得回报，通过良好的专利激励制度，进一步加强对贸易领域和投资领域中的知识产权利益的保护，从而为专利权人实现技术投资利益创造环境，"为天才之火添加利益之油"再鼓鼓风，更加有效地促进和鼓励企业进行技术创新。

三、优化资源配置

科技进步在生产上会带来劳动生产率提高、成本降低、利润率提高等好处，但科技进步需要社会资源的投入，而社会资源却总是倾向于流向能够获得最大利润的领域。按照科斯定理，在交易费用不为零的情况下，不同的权利配置界定会带来不同的资源配置。因此，国家鼓励科技投入最好的方式是通过一个激励制度，让投资者预期可以从科技研发中获得相对于其他方式更多的利益，从而让社会资源自然而然地流入科技研发的领域，达到激励科研投入、促进科技发展的目的。

专利激励制度异化将导致社会资源分配向错误的领域。当激励重数量不重质量时，则专利容易出现劣质化、廉价化、泡沫化；当激励回报来源于行政而不是市场时，则专利容易出现闲置化；当专利滥用的收益大于付出时，则专利出现工具化。专利激励异化使得社会资源追求错误的目标，不利于鼓励企业在科学研究方面投入资金，也不利于社会资源的正确分配。

良好的专利激励应能更好地分配社会资源，从而激发主体进行技术创新的动机，通过鼓励社会将资金以及智力劳动投入研发、专利申请、技术创新成果产业化等，并且保护投资者和发明人拥有研发的成果，鼓励并帮助其进行技术转化和市场化等一系列活动，让投资者和发明人能够获得切切实实的经济利益，鼓励更多人参与科技研发，以此达到促进专利增长、提升自主创新能力的目的。这才是专利激励制度应有的目的。

四、参与国际竞争

知识经济和经济全球化虽然可以增进全球福利，但机遇和挑战并存，福利在不同国家或地区之间的分配从来都不是平均或平等分配的，发达国家用"知识产权掠夺战略"为自己争得大部分福利。所谓"知识产权掠夺战略"是指发达国家利用先发优势在国际贸易中建立知识产权规则，然后通过知识产权规则将国际经济增长中的较大份额以专利许可或转让费的形式输送到本国。譬如，每一个新的知识产权产品（如苹果手机）背后，提供技术的发达国家得到了绝大部分利润，而提供劳动力的发展中国家却仅仅得到极低的劳务费用。在这种战略下，世界经济发展的差距进一步扩大。

为了应对发达国家的"知识产权掠夺战略"，我们在专利制度上采用了两个激励策略，一个是通过各种行政手段激励我国专利数量迅速增长，以图构建专利平衡或形成威慑作用；另一个是在司法保护上削弱保护力度，采用负激励，以对本国弱势企业给予某些保护。这两个激励策略从短期来看不失为权宜之计，但从长远来看，专利管理重数量轻质量或纵容弱势企业进行仿冒，并不见得是发展中国家参与国际竞争的好办法，这同样需要支付成本。

首先，弱保护策略面临越来越大的压力，发达国家不愿自己的既得利益被仿冒行为所"盗窃"，必然会通过各种政治经济的方式对我国施加压力，而且仿冒严重损坏了我国商品的声誉，进而带来整体出口企业的市场损失。其次，国内企业习惯了弱保护下的仿冒行为，不能适应市场竞争中专利工具的用法，专利意识相对薄弱，缺乏应有的审慎态度，在国际竞争中易于遭遇诉讼风险，海外诉讼风险及巨额赔偿将使得刚刚起步的我国企业一蹶不振。再次，我国出口产品正逐渐"由生活必需品向高新技术产品转变""由劳动密集型产品向技术密集型产品转变"，弱保护力度不利于先进技术的引进，不利于我国企业技术的提升。最后，在科技创新政策的带动下，中国企业核心竞争力和市场地位日渐接近先进国家的技术水平，在某些领域甚至领先世界，我们自己的技术同样迫切需要保护，也在呼唤提高专利的保护力度。

随着知识产权经济时代的到来，我们要清楚地认识到，新的国际竞争形势下，知识产权规则在国内和国际的收入分配影响越来越大，如知识产权与技术标准相结合而产生的技术标准型知识产权贸易壁垒或知识产权边境保护制度。这些知识产权保护制度不断扩大发达国家与发展中国家的经济差距，使得强者恒强而弱者更弱。我国经济发展、参与国际竞争终究要依靠发展自己的经济与技术，专利制度是我国经济与技术发展的保证，而专利激励制度的异化将导致专利制度出现扭曲，企业失去在研发上增加投入的兴趣，同时又对被诉侵权风险和主动维权措施茫然无知，这对我国积极参与国际竞争的战略现实极其不利。

因此，专利激励制度的价值追求在于：让专利制度发挥更大效能，提高我国企业对专利竞争工具的熟悉和掌握，更好适应世界各国特别是发达国家的竞争环境，帮助我国企业参与国际竞争。

第三章　专利激励制度之
学理认知及理念重构

　　"凡事有度，不及难成，过之易夭"，专利激励制度也当如此。对专利
激励制度的改进，除了对其正当性进行论证，以确定激励的方向外，还应
当对扩展专利激励制度和限制专利激励制度的理论进行辨析，以论证激励
的力度和尺度。唯如此，方能正确构建专利激励制度的理念，作为制度改
进的指导思想。

第一节　专利激励扩张的理论诠释

一、专利激励扩张之功利论

　　功利论是一种道德理论，是论证专利制度正当性的代表性哲学理论。
从功利论的角度来看，一个制度如果能够实现社会收益的最大化，那么就
是正当的。知识产权制度可以给发明者以奖励，使他们积极投入知识产品
的生产中，为公众带来更多有创造性的成果，从而促进社会科技及经济的
进步。而公众可以享受进步带来的福利，达到社会收益最大化的目的，因
此，知识产权制度是具有正当性的。总体来说，论证专利制度的正当性
存在三种不同方式，体现不同的功利论思想，它们分别是功过论、激励
论及资源分配论。当然，和很多哲学理论一样，功利论也在不断发展丰
富中。

功过论又称古典经济学证成，其代表学者有亚当·斯密、杰里米·边沁和约翰·密尔等思想家。亚当·斯密认为，一个行为的功过，要看其趋向于的结果是有利的还是有害的，只要结果是趋向于有利的，那么就是应当受到奖赏的。❶ 杰里米·边沁提出的"幸福最大化原则"开创了对政府行为的功利主义考量。他认为，法律是为了最大多数人的最大利益而设立的，主张用"增大或减少利益有关者之幸福的倾向，亦即促进或妨碍此种幸福的倾向，来赞成或非难任何一项行动"，其认为相对于专利制度的好处，垄断带来的后果并非不可接受。❷ 而约翰·密尔肯定了这一观点，他认为，"对于垄断的谴责不应当延及至专利"❸。从功过论的角度来看，专利制度能够促进科学及经济发展，最大程度地增进社会福利，因而具有正当性。或者说，专利制度所增进社会福利总量要大于它减少的福利，因而社会福利总量是增加的，所以专利制度是合理的。

激励论认为，通过将专利权授权给发明人，并且使用公权力保证发明人的排他使用权，以使其获得垄断利益，可以激励更多的知识产品的创造和知识的传播。专利权的授予不仅仅是对发明人所作贡献的报酬，更是对未来创新行为的激励，以激励更多人参与知识产品的生产，从而带来更多的新知识。托马斯·杰斐逊（Thomas Jefferson）在担任美国第三任总统之前，曾任美国国务卿并承担《美国专利法》的起草，他的观点是："专利垄断的创设并非是确保发明人对于他所做发现享有自然权利。恰恰相反，它是作为一种回报或激励，以产生出新的知识。"❹ 托马斯·杰斐逊的观点虽然与知识产权劳动论的观点相悖，但却广为法学家所采纳，用于解释知识产权制度的正当性，论证的步骤是：社会应当采纳一种能够最大化社会整体效应产出的制度，专利制度可以为知识产品的产生提供利益激励，从

---

❶ ［英］亚当·斯密：《道德情操论》，余涌译，中国社会科学出版社 2003 年版，第 71 页。

❷ ［英］杰里米·边沁：《道德与立法原理导论》，时殷弘译，商务印书馆 2000 年版，第 58 页。

❸ Fritz Machlup & Edith Penrose, "The patent controversy in the nineteenth century", The Journal of Economic History, Uol. 10, No. 1（May, 1950），pp. 1 – 29.

❹ Adam D. Moore, "Intellectual Property & Information Control", Transaction Publisher（2001）New Brunswick（U. S. A）and London（U. K.），p. 38.

而促进这一产品的生产和传播，导致社会进步最大化。换言之，将专利权授予发明人，这一授予能够激励社会进步，因此即使专利授权会带来对社会公众的某种限制，专利制度仍旧是具备正当性的。

资源分配论又称近代经济学证成，其是从资源分配的角度对专利制度进行论证的。资源分配论认为，市场会依据看不见的手对资源进行调节，以最有效率的方式进行配置，而最有效率配置的财产权制度是具备正当性的。体现在专利制度上，专利制度能够对知识产品予以保护，因此提高了知识产品的价值，而市场自然而然会按照价值变化对资源进行配置，从而产生更多的知识产品。换言之，科技创造作为一种产品，其产出是根据市场需求而变化的，一旦知识产品的价值提高，即意味着市场需求变高，市场自然会分配资源到最能够创造出知识产品的地方，从而促进更多的知识产品被生产，最终提高社会整体福利。故而，专利制度是具备正当性的，从这个角度来看，对于知识产品的保护广度、深度、力度越大越好，因为保护越强，意味着其价值越高，市场资源分配会更向其倾斜，从而产生更多的知识产品。因此，专利权的不断扩张性的保护无疑体现这一理论的诉求。

从"功过论"到"激励论"再到"资源分配论"，理论界对知识产权制度的认识不断加深，从专利权能够促进社会最大幸福总量，到政府通过将专利权授予发明人，以促使其发明创新，再到政府主动利用专利制度调整社会资源配置，促使市场分配更多的资源到知识产品的创造上，以提高公众总体利益。总体来说，这种加深与现代政府功能的提升是相衬的，呈现出对专利制度的重视不断加强的趋势。我们可以看到，对于专利制度的运用，功过论认为其是有利的，但并没有主动推动的意味；激励论认为激励创造是好的，但是还要与公众对专利利用相平衡；而资源分配论则认为对知识产品的扩张性保护是必要的，因为其促进了社会资源的更有效率的配置。从对专利的激励力度观察，从"功过论"到"激励论"再到"资源分配论"，呈现不断增加的趋势。

现代功利论成功地把经济学的理论和方法运用到专利法律问题的分析

上，由于经济学理论的模型非常成熟，因而强有力地论证了专利制度的合理性。兰德斯（William M. Landes）和波斯纳（Richard A. Posner）从法律经济学的角度出发，将专利制度解释为：专利法是一种有效方法，使得研究与开发的收益获得了内部化，从而促进了创新和技术进步。❶ 专利制度的设计就是以最小的社会成本获取最大的社会收益（社会总福利），专利制度有助于实现社会总体福利最大化的理想。

从实践来看，最典型的关于专利功利主义思想的描述来自《1787 年美国宪法》，其规定："国会有权力通过赋予作者和发明人在有限时期内对于其作品和发现享有排他权利的方式来促进科学和实用艺术的进步。""促进科学和实用艺术的进步"无疑是功利主义的典型表述，沿袭这一功利主义思想，专利制度广泛为世界各国所接受。我国《专利法》也蕴含着这一理论基础，开章明义地在第 1 条提到："鼓励发明创造，推动发明创造的应用，提高创新能力，促进科学技术进步和经济社会发展。"甚至世界贸易组织都采纳这一观点，其在 TRIPS 协议第 7 条指出："知识产权的保护和实施应有利于促进技术革新及技术转让和传播，有利于技术知识的创造者和使用者的相互利益，保护和实施的方式应有利于社会和经济福利，并有利于权利和义务的平衡。"从 TRIPS 协议的目的条款的内容观之，其毫无疑问地采用了功利主义作为指导思想。

无论是功过论、激励论还是资源分配论，它们都对专利制度的正当性给予了充分论证，肯定了专利制度的激励作用及其对社会的总福利的贡献。专利激励制度"内生性"激励层面来源于核心专利制度，天然具有正当性；"外生性"激励层面来源于边缘专利制度，其目的在于促进核心专利制度更好运行，也以此具备正当性的基础。专利激励制度的正当性是有理可循的。从资源分配论而言，其主张不断扩大专利激励的力度，认为更强的力度意味着更多资源的倾斜，从而创造出更多的社会总福利。

---

❶ ［美］威廉·M. 兰德斯、理查德·A. 波斯纳：《知识产权法的经济结构》，金海军译，北京大学出版社 2005 年版，第 374 页。

二、专利激励扩张之劳动论

劳动论当属最早论证知识产权制度正当性的法哲学理论，其最初关注于作品（尤指文学作品或者音乐）等知识产品的财产权归属，后来随着知识产权范围的扩大才加入了专利和商标。劳动论认为，文学或音乐作品是经由作家、音乐家花费大量心思进行揣摩和推敲才能被创造出来的，这些付出的辛劳有权利获得回报。应当将这些知识产品的独占权作为知识产权，授予脑力劳动者作为适当的回报，让他们从作品的收益中得到他们应得的薪酬，且薪酬的高低取决于他们作品的优劣。

早在中世纪，就有思想学派认为增益财产的劳动赋予了人们拥有财产的权利。❶巴黎的约翰❷也认为，俗人的所有权是通过自己的劳动和勤奋而获得的，由此他们可以获得对物品真正的控制权。在此基础上，洛克的理论对前人思想进行总结，他在《政府论》中对知识产权的论证如下：（1）人对自己身体拥有所有权，任何人对他人身体不具有这种权利；（2）人利用自己所拥有的身体去从事劳动工作是正当的，所以人具有劳动的权利；（3）只要人的劳动改变了事物的现状，那么人的劳动就已经渗透到那个事物当中，从而使得那一部分事物成为人的财产；（4）人对财产享有自然权利，国家有义务对这一自然权利给予尊重并保证权利的实施。洛克的劳动财产理论可以推出一个与知识产权相关的原则，既然人对于自己的劳动成果享有自然权利，则非经其本人同意，任何人都不能贬损这一自然权利。

17世纪英国法院在审理米勒对泰勒案时，涉及"既然著作权与有形财产均为财产，那么著作权人是否对这两种财产均享有相同的权利"的论证，法官曼斯菲尔德最终利用洛克的财产论来解决这一问题，他认为，因

---

❶　一个称为多纳图派的思想流派在和基督教神学家圣奥古斯丁的论辩中就曾经指出，增益财产的劳动赋予了人们拥有财产的基本权利。资料来源：第一文库网，访问网址：http：//www.wenku1.com/news/B86E337470A6F431.html，访问时间：2017年8月9日。

❷　巴黎的约翰（1241~1306），又名吉多尔，多米尼克教团的神学家，在他写作于1302年的《论皇帝与教皇的权力》（*De potestate regia et papali*）一书中，也认为世俗国家和人类的协作天性相关，而后者足以构成国家的正当性。

为"作者以本身天才和劳动获得金钱方面的利益是公正的",所以著作权的获得是公正的,无论作品出版与否,作者获得作品的著作权是"合乎自然的原理、道德的公正性和恰当性"的。❶

19世纪的斯泼纳(Lysander Spooner)明确提出无形财产的概念,他认为财富可以包括知识、道德、物质多个层面,还可以包括有形和无形,甚至包括能够或不能够为身体器官所感知的事物。❷ 从他的理论可以看出,他明确地将知识等无形物也纳入财产的范畴,而对于这些无形财产权的获得正当性,他认为应当区分为思想的发现和思想的创造,对于思想的创造,他认为应当属于"用劳动创造出该产物者"。朗德(Ayn Rand)将知识产权从法律层面上升到道德高度,她甚至认为专利是财产的最高形式,不过她也认为过长的知识产权保护期将导致懒惰,因此应当限制保护期的长度。斯宾塞(Herbert Spencer)对专利权的正当性进行论证,他认为,"实证层面下的公正(justice)在于每一个体接受其自身的本性及随后的行为所带来的利益和损害"。由此可以得出推论,假若某一成果是由于人们的智力劳动而获得的,那么人们自然享有该成果带来的利益。这是一种道德上的正义。科兹纳(Israel Kirzner)将知识产权的获得过程用"探寻者—保持者"理论进行解释,他认为生产者是"通过把市场上的资源利用起来,认识并把握产品的制造机会"来创造知识产权的,而利用资源、认识和把握知识产品的制造机会无疑需要劳动,因而这样制造出来的产品理所当然应当归生产者享有,以此解释知识产权的正当性。斯泼纳、朗德、斯宾塞以及科兹纳❸等人共同发扬了洛克的劳动论思想,与洛克共同构成了古典的劳动论体系,这一思想的核心在于:发明创造或著作权都是需要

---

❶ [美]约翰·R.康芒斯:《资本主义的法律基础》,寿勉成译,商务印书馆2003年版,第351-352页。

❷ Lysander Spooner, "The Law of Intellectual Property; or An Essay on the Right of Authors and Inventors to a Perpetual Property in their Ideas", Published by Belamarsh, 1855.

❸ 关于斯泼纳、朗德、斯宾塞以及科兹纳的详细论述,参见 Tom G. Palmer, "Are Patents And Copyrights Morally Justified? —The Philosophy Of Property Rights And Ideal Objects", Harvard Journal Law & Public Policy. Vol. 13, No. 3, Summer 1990.

经由劳动才能产生的，发明人或著作权人经过劳动取得的成果，应当归发明人或著作权人所享有，否则就违背了自然法的要求。将这项知识产权授予发明人或著作权人是自然的、合理的、正当的。

与功利论比较，劳动论对专利制度持明确的支持态度，其认可知识产品价值的正当性，并认为其天然符合人的基本权利，可谓"天赋人权"。进而言之，其对"将专利权写入宪法"的支持也是不言而喻的。通读劳动论诸多著作可以看出，其对"内生性"的专利激励层面持支持态度，但其对"外生性"专利激励层面则没有谈及。综上所述，劳动论对专利激励扩张持有保留支持态度，支持范围仅限于"内生性"专利激励层面。

三、专利激励扩张之人格论

人格是人主体性的集中体现，是人所必需的内在要素，而私人财产权对于人的主体性有关键意义，所以财产权的分配方式应当以人格最大化为追求目标。知识产权是财产权的一种，且其是由于人的智慧和思想而创造出来的，因而更具有人格的属性，即使是专利权等技术特征较重的知识产权，同样体现着发明人的学识、技术素养、想象力、勤奋、献身精神等，具备与人格内在的联系。对知识产品赋予权利，正是为了保护作品中的人格以及创作者的人格，是一种追求人格最大化目标的分配方式，具有道德上的合理性。

（一）经典人格理论

康德认为，人是目的而不是手段，人应该通过增进人格而实现人这一最终目的，而自由意志行使范围的事物无不可以分为"我的或你的"，因此财产便与自由意志联系起来，而自由意志是神圣的，故而财产也是神圣不可侵犯的，要对财产权进行"利用"，必须先行对其"占有"。而"占有"可以分为"感性占有"和"理性占有"，"感性占有"可以理解为实物上的占有，而"理性占有"则是法律上的占有。❶ 按照康德的理论，知识产权的占有属于理性占有。

洪堡（Wilhelm Von Humboldt）认为，人的最终目标是各种能力全面、一致地发展，把人发展成为一种最高的、真正和谐的整体。而发展过程中人的主观能动性和创造力是非常重要的，需要各种条件加以保障，这其中包括了自由，而财产是自由的保证，又构成了发展所需的物质基础。❷

黑格尔认为财产权不仅是人格发展的必要条件，而且还是一种人格。他认为人唯有在所有权中才是作为理性而存在的，能够发扬人格的主观性的财产权制度才是正义的、合理的。其将才能、学问、科学知识等无形物纳入所有权客体"物"的范畴，认为这些无形物虽然是自由精神所内在持有的，但在适当条件下，自由精神可以将其表达至外在的物上，转为外在物，并且可以转让。黑格尔还指出，人有权将意志体现到物上，这些无形物体现人的意志，包含人的主体性人格，因而人对这些物具有绝对的权利。黑格尔认为意志具有根本性，无论是从人作为肉体存在，需要财产享用而体现自身意志，还是从财产权本身便体现了人的意志上，私有财产均应受到尊重，这种对"物"需求的谋划是值得重视的，构成了法律上的财产权制度。❸

在黑格尔的人格权理论上，盖雷斯（Karl Gareis）首次提出接近近代知识产权含义的文学艺术作品权、发明权、商业名称和商标权；❹ 基尔克（Otto Friedrich Von Gierke）认为作品具有人格权，而作品的转让及出版是人格权的实施，对二者进行学理上的区分，解决了知识产权转让的理论问题；❺ 科勒（Joself Kohler）提出知识产权具有人格和财产两元性，人格性是第一位的，财产性依附于人格性，作者对于作品具有人格上的权利，从

---

❶ ［德］康德：《法的形而上学原理》，沈叔平译，商务印书馆1991年版，第54－55页。

❷ 李梅：《国家行动范围的勘定者：威廉·玛·洪堡与德国的另一传统》，载刘军宁等：《市场逻辑与国家观念》，生活·读书·新知三联书店1995年版，第258－273页。

❸ ［德］黑格尔：《法哲学原理》，范扬、张企泰译，商务印书馆1961年版，第50－52页。

❹❺ Edward J. Damich, "The right of personality: a common－law basis for the protection of the moral rights of authors", Georgia Law Review 23 (1988).

而保持其作品的完整性。❶

(二) 人格净收益理论

胡夫斯（Justin Hughes）认为，虽然某些限制如经济、社会问题等外界因素限制了知识产权的人格性表达，且限制性越多，表达便越困难，如专利、计算机软件等知识产品含有人格性非常薄弱，但其内在人格特征还是不容抹杀的；另外，时间能够影响对知识产权的人格性表达，相当多的创作者因专利、计算机软件被长时间使用而闻名于世。因此，知识产权体现创作者的人格和意志是不容置疑的，而只要知识产权制度能够保证人格的净收益增加，知识产权的人格论便是成立的。❷

胡夫斯认为，知识产权是保证人的个体性的有效手段，知识产权的转让并不仅是经济上的转移，还可以是尊重、敬仰、荣誉等人格性方面的让渡。人格论为知识产权的专利提供了一种更有利的证成。知识产权的人格权始于著作权，因为思想形成于人的大脑，具有排他性，在某种条件下，思想可能终其一生都不被公开，因此即使著作权的经济权利可以转让，但作者对作品的署名权、公开权、保护作品完整权等与人格紧密联系的权利却不容转让。相对于著作权，专利的思想性体现在创造性上，具体表现为在现有技术上增添新的技术特征，体现着发明人的学识、素养等人格，正如电话之于贝尔，声学之于开普勒，电灯之于爱迪生。正是发明的技术所在，使得发明人成为了科学家，与科学发现来自大自然，不具备人格性而不受保护大相径庭。从这个角度而言，人格权也是专利权的组成部分。

(三) 人格利益理论

瓦尔登（Jeremy Waldron）细化人格属性为人的基本人格利益，包括

---

❶ Tom G. Palmer, "Are patents and copyrights morally justified?", See Adam Thierer & Wayne Crews, Copy Fights: the Future of Intellectual Property in the Information Age, Cato institute Washington D. C. (2002).

❷ Justin Hughes, "The philosophy of intellectual property", Georgetown Law Journal 77 (1988).

心灵的安宁、隐私、自立、作为一个社会存在者的自我实现、作为个体的自我实现、安全和悠闲、责任、身份、公民资格以及仁慈等十项需要❶，而通过论证这些需要都可以为知识产权财产制度所满足及促进，得出知识产权制度正当性的结论。

在专利激励制度措施中，"外生性"激励就包括含有身份、人格因素的奖励措施，诸如职称评定、升学加分等，这些人格方面的激励因素同样可以视为人格权的一种，正如黑格尔所述，"财产可以维护人的尊严"。身份、人格因素的奖励措施同样可以维护人的尊严，从这个角度观察，人格论似乎认为专利的"外生性"激励措施同样具有正当性。

（四）人格论对扩张专利激励制度的支持

人格论追求人格的最大化，黑格尔的观点一方面论证了专利权的正当性，另一方面又论证了客观物质条件对人格的作用。将黑格尔的思想转引到专利制度上，专利发明体现科学家的意志和思想，通过专利制度的内在激励使得科学家获得了体现其人格的私人财产，从而实现科学家的人格最大化。从这一角度而言，人格最大化为正义似乎意味着人格论成为专利激励制度扩张的最强理论支持。

平心而论，专利激励制度设立的主要目的并非是提升发明人的人格利益，而是试图通过某些激励填补发明人经济上不能获得的利益，进而诱导发明人申请更多专利。如通过职称评定、户口迁移等进行的激励，与社会存在者的自我实现、身份、公民资格等人格需要似乎相关联，乍看似乎与瓦尔登的理论暗合，但深究之，劣质化的专利实质上与心灵的安宁、作为个体的自我实现、责任等因素南辕北辙，背道而驰。因此，人格最大化理论对专利激励扩张的支持似乎还有待商榷。

除此之外，有相当多的问题有待解决，如专利激励制度应当以发明人

---

❶ William Fisher, "Theories of intellectual property"，参见［美］斯蒂芬·R. 芒泽：《财产的法律和政治理论新作集》，中国政法大学出版社 2003 年影印版，第 168－199 页。

的人格最大化还是以社会总人格最大化为考量？人格的最大化就意味着财产保护的最大化吗？人格最大化是否意味着激励最大化？无论问题结果如何，总的来说，人格论属于支持专利激励制度扩张的重要理论。

第二节 专利激励限制的理论依据

主张扩张专利激励制度的理论认为激励扩张具有理论上的正当性，与此同时，也存在主张限制专利激励的理论，如洛克劳动论的先决条件理论、契约论、利益平衡理论等，其关注专利激励制度异化后果的成因，思考专利激励制度的边界以及扩张的局限等。

一、专利激励限制之先决条件理论

如前文所述，洛克劳动论提供了劳动财产权正当性的哲学论证，并在19世纪发展成为知识产权正当性理论的主流。但是，洛克在论证劳动财产权正当性时，也提到过"既然劳动是劳动者的无可争议的所有物，那么对于这一有所增益的东西，除他以外就没有人能够享有权利，至少在还留有足够的同样好的东西给其他人所共有的情况下，事情就是如此"❶。这一表述被后人用作洛克论证劳动财产权正当性的经典表述，而其中"至少在还留有足够的同样好的东西给其他人所共有的情况下"则被当作劳动财产权正当性的前提条件，也被称为"洛克先决条件"。换言之，获得劳动财产权的前提是需要满足洛克先决条件的，这一前提被广泛用于划分劳动财产权或知识产权与社会公众权利的边界。

1. 义务不增加理论

诺齐克（Robert Nozick）认为，财产权的确立必然要求他人予以尊重，这就使得他人负有的义务有可能增加，而洛克先决条件"至少在还留有足

---

❶ ［英］洛克：《政府论》（下篇），叶启芳、翟菊农译，商务印书馆1964年版，第19页。

够的同样好的东西给其他人所共有的情况下"则意味着他人义务不至于增加，因此不能仅仅因为渗透了劳动者的劳动，就赋予劳动者占有某物的权利，劳动者能够占有的，是且只能是他的劳动使得某物增加的那一部分价值。❶ 他认为这一观点既符合洛克劳动论的本意，又对其进行了修正。

用诺齐克的观点来解释专利权制度，假若一项技术被授予专利权，公众对这项技术的运用将受到限制而产生不自由，但若该项之前并不存在，则社会公众根本无从使用这种技术，因此不能认为授予专利权使得公众的义务增加了，而实际上，专利权的授予使得整个社会增加了有价值的知识产权，因此是合乎自然的原理，具备道德的公正性和恰当性。

2. 知识共有物理论

戈登（Wendy J. Gordon）将洛克先决条件理解为"没有对其他人所享有的平等创造能力或平等利用先在的知识共同体（matrix）和科学遗产的能力造成伤害"❷。她认为知识共有物的平等所有权和使用权，即平等地享有知识共有物是一切权利的核心，并提出以下三个观点。

第一，共有物享有的权利优于功利理论，纯粹功利的判断标准不适用于知识产权的授予，因为其有可能减损第三人使用知识共有物的权利，因此不能单纯因为社会福利的增加而授予知识产权。根据洛克先决条件判断，第三人使用知识共有物的权利要大于社会福利，只有不减损他人利益的权利授予才是正当的。第二，共有物享有的权利同样要受限制，只要公众对共有物的享有没有受到减损，人们对于知识产权的授予就没有权利抱怨。这一观点是满足洛克先决条件的推论，只要发明人的发明创造没有给他人造成权利减损，他人就必须尊重权利的授予。第三，即使权利授予确实使得第三人使用知识共有物的权利有所减损，但假若能够使知识共有物有所添增，这种权利授予也是正当的。

---

❶ ［美］罗伯特·诺齐克：《无政府、国家与乌托邦》，何怀宏等译，中国社会科学出版社 1991 年版，第 179－182 页。

❷ Wendy J. Gordon, "A property right in self－expression：equality and individualism in the natural law of intellectual property", Yale Law Journal 102（1993）.

洛克先决条件理论主张限制专利激励的范畴，并为激励设立了界限。其谦抑理念使得洛克劳动论占据道德上的高位，无论从其对第三人义务增加的关注，还是从对知识产权作出限制的同时，又对社会公众权利进行界定的双重限制来看，都具有强大的理论魅力，为后人广泛接受。

二、专利激励限制之契约论

从专利契约论的出处来看，政治哲学上的社会契约理论以及私法上的民事契约理论共同构成专利契约论的理论来源以及思想根源，二者相互补充融合，共同对专利进行解释，最终形成专利契约论。从侧重点来看，社会契约论解释了具有私权属性的专利权与国家的关系，而民事契约理论则更加偏重专利权的公开与垄断等具体联系。

（一）社会契约理论

社会契约理论的代表人物有霍布斯、洛克、卢梭等人。霍布斯在《利维坦》中提出国家是人通过契约创造出的一个拟制的人，人们通过缔结契约，将生命权以外的权利交给一个至高无上、不受法律约束的主权者。洛克在《政府论》中提出，人民通过缔结社会契约成立政府，社会契约首先是社会大多数人的合意。在洛克之后，卢梭对社会契约进行了新的发展和详细的阐述，强调主权在民，论证了社会契约和主权者的双重性，其思想集中体现在其《社会契约论》一书中。❶

在霍布斯、洛克、卢梭等的社会契约论中，卢梭的社会契约论内容最为丰富，并且直接论及财产制度。在当代，罗尔斯在《正义论》中对洛克、卢梭和康德所代表的传统的社会契约论进行了复兴。罗尔斯的社会契约论并非要从原初状态中证明某种政体或社会制度的正当性，而是引出某些正义原则。❷当然，罗尔斯认为，正义的主要问题是社会的基本结

---

❶　张乃根：《西方法哲学史纲》，中国政法大学出版社 2008 年版，第 93－116 页。

❷　［美］罗尔斯《正义论》，何怀宏等译，中国社会科学出版社 2001 年版，第 14 页。

构——用来分配公民的基本权利和义务、划分由社会合作产生的利益和负担的主要制度。❶

根据社会契约论，由于一般状况下的财产和权利仅是一种事实状况，要对自身的财产利益进行保护依靠这种自然状态是不可能的，只有将"自然之权"转化为"法定之权"，才能够对财产所有人的利益进行保护。统治者通过社会契约对财产自由和权利订立规则，才能对其尽到应有的保护，相关的法律利益才能得到保障。从全社会的角度来看，在将"自然之权"转化为"法定之权"的过程中，确保财产者地位的平等、财产权保护的平等，充分保障权利人的利益实现，具有很重要的积极意义，因而这种方式是正当和合理的。

从社会契约理论角度来看，专利是一种私权，具有自然权利的属性，需要统治者的介入，由统治者代表社会公众对发明产生的新的财产所有权予以认可，从而形成一种新的财产权。在这个契约中，发明人获得了发明财产权，承担的义务是当地实施或者技术公开；统治者获得了当地经济技术进步的利益，承担的义务是授予和保护专利权人的垄断权，双方的对价使得发明人和统治者之间形成一种契约。社会契约论为国家和政府在处理财产问题上作了很好的阐述和解释，其论证了统治者行使公权力对专利权进行确认的必要性和正当性。

（二）民事契约理论

实际上，专利制度诞生之初，专利权往往是经由统治者的特别准许而获得的。与现代的专利权并不尽相同，中世纪的专利权带有特权色彩，契约双方分别是专利权人与统治者，这点与社会契约理论的基础是相称的。但随着时间的推移，统治者逐渐转变关于专利授权的对价的看法，意识到授予专利的对价不仅仅是实施发明，更在于向公众传播新的技术。❷ 思想

---

❶ ［美］罗尔斯《正义论》，何怀宏等译，中国社会科学出版社 2001 年版，第 5 页。

❷ Edward C. Walterscheid, "The Early Evolution of the United States Law; Antecedents（Part 3）", Journal of the Patent and Trademark Office Society, October, 1995, vol. pp. 771 – 792.

的转变促使早期的专利特权逐渐演变形成现代专利权制度，在这个基础上，专利契约论的民事契约理论解释逐渐占据了主导地位。

民事契约理论深刻地影响着专利契约论中当事人的权利和义务的设定，按照民事契约论的观点，专利实质上是发明人与社会公众之间订立的契约，发明人的权利是获得专利权，义务是向社会公开其技术，而社会公众的权利是说明书公开带来的人类知识增量，承担的义务是尊重专利权。在这个契约中，交易的一端是发明人，另一端由统治者演变成社会公众。

民事契约理论较好地解释了专利技术公开与专利权垄断的关系，按照民事契约论的观点，只要专利权人所提供的对价是充分完整的，即充分披露完整准确的发明信息，其和社会之间订立的专利契约就应当被视为有效，据此产生的专利权就应当被尊重。从民事契约理论角度来看，专利申请文件即是专利权人与社会公众之间的要约，专利审查后的授权即是专利局代表公众对要约的承诺，专利权即是专利契约，对公众产生拘束力。专利权人对专利技术的公开使得公众解除了技术上的拘束，从而使公众实现技术上的自由；而契约成立又在一定的时间、地域内对公众产生实施该专利技术的拘束，削弱了公众某一方面的自由。

（三）契约论对限制专利激励制度的支持

契约论对专利激励制度的论述多局限于"内生性"激励层面，强调的是发明人与公众或统治者之间的交换。作为一种交换，其必然涉及双方的利益以及价码，利益构成交换的激励，而价码构成激励的限制，进而言之，契约论对于"外生性"激励是持反对意见的，因为对于"外生性"激励而言，其并没有交纳相应的"对价"，从而也无法获得相应的权利。故从整体而言，契约理论符合对专利激励进行适当限制的理论。

在整个知识产权范畴中，对于版权和商标等知识产权制度而言，并无所谓的契约理论，唯有专利制度可以进行契约论解释。专利契约理论具有权利主义与功利主义双重属性，其证明了专利制度的正当性和合理性，是专利制度存在的重要基石。正是专利契约理论中对价的阐述，促使专利制度实施对发明人无形资产的保护，进而鼓励发明人将专利技术进行公开，从而实现从整体上提高人类社会科技水平、促进人类社会发展的伟大愿景。

三、专利激励限制之利益平衡理论

利益平衡是在某一利益分配体系下，各利益主体构成相对稳定及均衡的状态，利益平衡是立法及司法的基本原则。❶ 从法律角度理解，权利平衡意味着用法律手段解决不同主体的利益冲突，进行利益分配，以使各方及总体利益最大化的过程。

人生活在世上，无时不处在利益关系中，各种利益既有紧密联系，也时常发生冲突。个人利益作为一种有目的性的特殊利益，具有从公众利益中尽量获得更多份额的趋势，而公众利益代表的是社会总成员的普遍利益，并不代表某一个人的利益，因此二者难免会产生冲突；同时，公共利益保证全体成员的利益，是社会凝聚力的保证，是实现个人利益的基础，还包含着可分配给个人的那一部分利益，因此二者又是统一的。在这种对立统一的关系中，法律作为协调个人利益和社会利益的工具，有必要采用利益平衡的手段，解决这两种利益的冲突。将利益平衡理论转移至知识产权制度上，专利制度作为法律制度的重要组成部分，权利平衡也是专利制度设计的基本原则。

法的价值有平等、自由、安全、正义、效益、秩序、民主等多个方面。从自由、平等的角度观察，知识产权制度应当保证所有人具有从事创作、发明等智力创造的权利，具体到立法上，不论年龄、性别、社会地位、文化基础，任何人只要进行了知识产权意义上的知识创造活动，都可以取得相应的知识产权。值得注意的是，虽然从参与和获得这一角度上，法律赋予了所有人自由、平等的权利，但自由、平等的权利不等于所有人都有相同的成果，因为成果是受天赋、才能、机遇影响而难以把控的事

---

❶ 冯晓青：《知识产权法的利益平衡原则：法理学考察》，载《南都学坛》2008 年第 2 期。

情，这些思想体现着利益平衡的理念。从平等、正义的角度观察，知识产权制度应当能够保证各个主体公平合理地分享知识财富，并且各主体间权利义务对等；知识产权制度应当能够合理分配利益，以使得知识产权所有人与社会公众之间利益平衡。知识产权制度本身就是一种鼓励知识产品创造和传播的法律制度，其通过赋予创作者创作知识产权的合法性，并同时保证知识产权利用者的合法权利，以实现双方利益的平衡，实现社会分配正义。

以专利法为例，专利发明人通过向社会公开发明创造的技术内容，并缴纳一定费用，获得了一定时间的排他使用权；社会公众获得了新技术积累的利益，付出了对专利技术实行保护的代价；被许可人缴纳许可费用，获得利用专利技术的权利；社会其他个人同样得到了新技术情报，而付出对专利技术尊重的代价。专利法以权利义务的模式确立了知识产权这一利益的分配模式，以图实现社会利益的最大化，并推动社会进步。整个立法思维中，无论是当事人之间、权利与义务主体之间、个人与社会之间的权利义务、利益分配都得到了兼顾，体现知识产权制度权利平衡的思想。

专利法还通过建立一套权利义务的模式，如明确权利义务的性质、适应条件、内容、范围、实施方式等，将利益平衡的思想固定下来，以实现平等、自由、正义的长治久安。如生产制造、销售、许诺销售、年费、许可费、在先使用、专利权转让等。只有符合模式的权利行使才是正义的，否则就将构成专利权的滥用，形成不正义，这种情况还要受到法律的制裁；同样，义务的履行也需要依据模式，比如公开技术需要进行全面公开，隐藏专利技术的后果将导致专利权不能顺利行使。

知识产权作为利益的一种，直接表现为一种排他使用权，因此知识产权人为实现自身利益与公共利益发生冲突是不可避免的。换言之，知识产权所有人的专有权与社会公众利用知识产品的权利发生了冲突，这是知识产权所有人全部利益冲突中最为突出的部分，也是主要矛盾。对于这一矛盾，立法者有必要采用兼顾各方利益的分配方式作为立法时的价值选择；否则，一种导致各方利益无法协调的权利，其本身存在的正当性就值得怀疑。

从利益平衡的角度来审视专利制度中的激励因素，以专利法为例进行观察，专利权的内容、范围、权利限制、许可、强制许可、申请费、实质审查费、年费等机制的设立，无不是为了平衡专利中各个主体关系之间的利益，专利法用制定法的方式明确规定各种权利，正是为了更好地发挥利益平衡的作用，任何对专利制度的补充和修订，都必须考虑权利平衡的因素。换言之，专利激励制度必须充分考虑利益平衡的因素。

专利激励制度作为专利制度的重要补充，其着眼于推动专利制度更好地发挥作用，在制度的设计上，同样需要遵循利益平衡的原则。简言之，公共利益和私人利益都是知识产权制度中的核心利益，破坏利益平衡的激励制度，本身就是不正义的。因此，利益平衡理论强调的是私人利益与公众利益的平衡，反对片面对个人利益的激励，这可以看作一种限制专利激励的理论。

第三节　专利激励制度运行之法机理研判

作为一种在市场经济中诞生的制度，专利制度天生就与市场运行法机理相适应。在侧重计划经济的环境下，专利制度可能弱化为某种奖励规则。但正如一句名言所述，"创造者的利益来源于消费者的消费"，发明人需要消费者购买其专利品来获得利益，而购买则必然需要市场经济环境。所以，市场运行中潜在的机理，必然构成专利制度背后的市场运行机理。专利激励制度发源于专利制度，因此，市场运行机理也是构建专利激励制度必须遵循的客观规律。

一、法律博弈理论

（一）法律博弈理论的定义

博弈理论又称对策论、运筹学，最早的思想可以追溯到与《孙子兵法》著作相同的时期。博弈的原意是棋类、赌博等"对局"中双方的对抗策略，具有为达到胜利目的，根据对方策略变换而变换自己策略的思想，如"田忌赛马"。延续到近代，博弈论在很多学科如国际关系学、经济学、政治学、军事战略学等都有广泛的应用。然而博弈论作为独立的现代学科，一门引入严谨的数学模型以寻找最优解模式的科学，通常认为其是在20世纪40年代才发展起来的。现代博弈论一般采用数学模型来研究主体策略的相互作用，是研究具有斗争或竞争性质的"对局"的数学理论和方法，通过研究"对局"中主体的预测行为和实际行为，探寻它们的优化策略。

法律博弈研究的是法律策略主体在行为发生相互作用时的策略选择以及这种策略选择所产生的法律均衡问题。从专利激励制度设计的角度而言，激励制度下市场主体选择可以理解为法律博弈中各个法律策略主体的策略选择，法律博弈可以用来预测激励对象（法律策略主体）在（正）激励或负激励下的反应。从制度设计原理上看，专利激励制度的改进就是通过改变法律博弈的条件，使得各市场主体利益最大化的同时，又符合制度设计者的目的，制度设计的追求应当就是法律博弈中的稳定平衡。

（二）专利激励制度之法律博弈理论研判

利用法律博弈理论建立起博弈模型，可以用来分析专利侵权行为、专利授权许可等专利权行使过程中不同法律策略主体的策略选择，揭示某一行为的利益选择关系。法律博弈理论不仅为我们把握专利申请人的动机提供重要的理论参考，还帮助我们选择合适的制度来引导市场，规范市场竞争行为。

专利侵权行为可以简化为权利人和侵权人的法律博弈模型，假设双方均为"理性人"，权利人的策略为"打击"或"容忍"，侵权人的策略为"侵权"或"不侵权"，只要设定打击成功的概率，便可通过对双方的"成本—收益"进行计算，清楚地判断出双方的策略选择。由于我国《专利法》第 65 条❶规定，侵权的赔偿是依据权利人的侵权损失或侵权人的非法所得，外加使用费的倍数或者由法官酌定来确定的，由于这些费用难以确定且多属于填平性质，因而权利人一般得不到足额补偿，扣除侵权人打击失败的概率风险，我们可以看到"侵权"相较于"不侵权"，"容忍"是一个比"打击"更优的选择。换言之，现行保护制度不足以抑制侵权冲动，也不足以提供维权的激励。当然，若是专利的实施难度极高，侵权成本也随之上升，则对侵权冲动有抑制功能。而权利人选择打击策略除了需要考虑成功打击的概率外，还要考虑收益和成本的对比，如果能够提高司法效率和判决金额，降低维权成本，以此改变博弈平衡的条件，将博弈平衡进一步倾向于权利人，则会有利于权利人对打击策略的机会选择。

专利执法行为与侵权行为同样可以简化成法律博弈模型，同样司法机关和专利管理部门（以下简称执法机关）有"严格执法"和"放松执法"的策略选择，而侵权人则有"侵权"或"不侵权"的策略选择，同样可根据"成本—收益"进行计算。执法机关执法的强度将影响侵权人的成本，当侵权成本大于收益的时候，会对侵权行为起到威慑和抑制的作用。因此如加大执法力度，将专利侵权视为刑事犯罪等打击侵权的行为，能极大地减少侵权行为。而降低执法成本，如鼓励公民举报侵权等，或提高执法收益，如对优秀执法机关进行奖励等，则有助于激励执法机关选择"严格执法"的策略，最终降低专利侵权行为的发生概率。

专利权人的专利运营选择行为也可以用法律博弈理论进行解读，根据斯坦克尔伯格博弈模型❷，专利权人可以看作领导者，而接受专利许可的

---

❶ 《专利法》第 65 条第 1 款规定："侵犯专利权的赔偿数额按照权利人因被侵权所受到的损失确定；实际损失难以确定的，可以按照侵权人因侵权所获得的利益确定。权利人的损失或者侵权人获得的利益难以确定的，参照该专利许可使用费的倍数合理确定。赔偿数额还应当包括权利人为制止侵权行为所支付的合理开支。"

❷ 斯坦克尔伯格博弈模型命题："在产品市场为线性需求下，专利权人有激励不将专利许可给下游生产企业。"该命题揭示了产品市场对专利市场的影响。专利权人同时在专利产品市场提供专利产品，是纵向一体化的行为。

企业可以看成追随者，专利的许可由专利权人决定，因而决策的顺序是有先后的，且双方的信息是公开的。专利许可费的征收，使得专利权人可以在市场上实施自己的价格策略，迫使追随者跟进。从获利角度来看，将使得产品市场价格增加，社会整体福利下降。进言之，专利权人还可以在产品市场上提供产品的同时在技术市场上提供专利产品，而形成纵向一体化，进而将自己的垄断从技术市场扩展到产品市场。

专利联盟可以看作合作博弈，专利权人建立专利池，通过相互许可构成专利联盟，在联盟内部实施相互许可，将专利从战术工具转化为战略武器，对联盟外部的竞争者实施侵权打击而实现垄断，能够迅速地改变市场竞争格局。就联盟内部而言，垄断使得整体受益要远大于不进行联盟时的整体受益；而在整个社会上，专利联盟则存在降低社会整体福利的风险，有可能降低产品市场上的供给总量，或是提高供给价格，甚至使得社会总收益趋于下降。

法律博弈理论对利益—成本的解读，使得制度设计者能够洞察社会需求，以选择合适的制度来达到法律追求的目标。专利激励制度影响着专利申请人的行为选择，可以说专利制度构成法律博弈行为中新增的变量，影响着法律策略主体的选择。政府可以通过选择合适的激励措施或手段来规范、引导人们的行为，达到提升整个社会的总福利的目的，使得专利激励制度具备功利角度的正当性。

二、信息偏在理论

（一）信息偏在理论

信息偏在理论原是指在市场活动中，各方对于信息的获得总是存在差异，掌握信息相对充分的一方将处于比较有利的地位，而信息相对贫乏的一方则处于比较不利的地位。信息偏在现象普遍存在于包括专利市场在内的几乎所有的市场中。利用该理论对专利权进行解读，可以认为专利市场❶中，大多数情况下专利"供方"（专利申请人、专利权人）比其他各专利"需方"（如购买专利者、被许可者、法官、侵权人等）更了解专利的详细信息，因此专利权人可以借其信息优势在与其他各方的"交易"中获益。

"劣币驱逐良币"是一个典型的信息偏在条件下的反向选择现象，其又被称为"格雷欣现象"（Gresham's Law），原是指假如一个市场上有不同成色却相同价值的货币流通，消费者倾向于保留成色高的货币，而使用成色低的货币进行交易，因此市场上流通的总是劣币，而良币则被排除出市场。其在信息偏在的市场上尤为显著，因为在信息对称的市场上，不同成色的货币将体现出不同的价值，因此"劣币驱逐良币"的情形很难出现。从专利激励层面而言，一旦专利质量难以识别，且专利激励注重数量而不是质量，则必然会出现"劣币驱逐良币"的现象。

（二）专利市场信息偏在之法机理研判

在我国目前的专利市场上，"劣币驱逐良币"的条件已经充分具备。一方面，由于前文所述专利的技术性等问题，在绝大多数的专利信息上供求双方是不对等的，专利供给者往往处于信息优势地位，而需求者更多只能依靠供给者的介绍、专利文献和公知常识进行了解，处于信息劣势地位。供需市场的信息偏在，形成经济学上所谓"旧车市场模型"。另一方面，由于专利数量远大于专利需求，宽松的专利供给环境更有利于优质的专利被"隐藏"起来，进一步导致"劣币驱逐良币"的现象出现。

在"劣币驱逐良币"的环境下，专利供求双方将迫使各自作出逆向选择，对于专利需求者而言，既然无法判断出目标专利具有的实际价值，因此，其更倾向于采用最低价格来评判目标专利；而对于供给者而言，既然

---

❶ 本节所述的专利市场并不仅限于专利交易市场，还包括专利运用、质押融资、诉讼赔偿等与价值判断相关的市场。

需求者用最低价格来购买目标专利，选择供给低质量的专利似乎可以"使得自己不太亏"。而供给者的选择又进一步强化需求者的选择决定，致使最低价格不断下降，同理又循环地影响供给者。这将使得供求双方都不能满足核心需求，整个市场中充斥着廉价劣质的专利交易或者没有交易。

"劣币驱逐良币"的存在并不限于专利的"转让""合作""许可"等典型交易市场。从广义的角度看，在专利申请上，对于专利申请人而言，既然最终赔偿不过"八万元"❶，那么专利数量越多才能够获得更多赔偿，专利质量的重要性不是第一位的，数量要远远重要于质量；在政策的奖励上，由于不论专利技术质量只论专利种类，那么购买或申请一个便宜而非有用的专利似乎更加划算；在专利的诉讼上，由于法官无法判断出专利的价值，在酌定的情况下当然更愿意依据最低价来作出稳妥判断，这也是"八万元"存在的重要原因；在专利融资质押等金融市场上，由于贷方无法判断出专利的价值，因此专利金融化业务无法深入全面地开展。以上种种，都可以看作广义的专利供求关系，在这些关系中，信息偏在始终是供求双方难以消除的鸿沟。

由此可见，"劣币驱逐良币"之类现象是整个广义专利市场上无法避免的现实，是专利激励制度异化背后的一只"看不见的手"，起到增加专利申请数量的作用。

第四节　专利激励制度改进之理念重构

我国专利激励制度虽然运行多年，然而从制度理念而言，却仍缺乏科学性、体系性的构建。专利激励制度的改进，多处于"头痛医头、脚痛医脚"的状态。笔者以为，改进专利激励制度的首要任务是重新构建制度理

---

❶ 中南财经政法大学：知识产权侵害损害赔偿案例实证研究报告，来源：中国法院网，访问网址：http://www.chinacourt.org/article/detail/2013/04/id/948027.shtml，访问时间：2017 年 8 月 9 日。

念，其是制度改进的基础。而制度理念的构建不仅产生于各种法哲学理论如激励扩张与激励限制之间的辨析，还需要符合市场的运行机理。

一、意志与规律的协调

专利激励制度作为一种法律制度，具有意志性，体现着制度设计者对社会关系的一定愿望或理想。但制度设计者的意志必须由物质条件所决定，受到客观规律的制约。专利激励制度的改进，必须遵循意志和规律相协调的原则，这也是制度设计中的合理性原则，是制度改进的根本依据。

论及专利激励制度的创设初衷，无非是让专利制度更好地发挥作用，并应对国际竞争。详述之，若将专利制度作为基础，则专利激励制度改进应按照四个层次逐渐提升，最基本的应当是保护专利权人的利益，激励创新；更进一步是保障知识流通，同时降低传播成本，以促进科技经济发展，为社会提供更多知识产品；更高层次是成为国家制度，为我国经济发展和国际竞争提供制度保障；最高层次是建立鼓励和保护创新的社会环境，将我国建设成科技引导型的创新国家。

但如前述，专利内蕴激励属性，本身已经具备激励功能，然而在实践中"内生性"激励力度较低，专利数量不足。而原专利激励制度的创设，不外乎在"内生性"激励之上增加"外生性"激励，遂促成了专利数量的大爆发，却产生种种弊端。深究专利激励制度异化的原因，可以说是过分重视行政调节、不尊重市场规则所致。正如前文对专利侵权模型的博弈分析，由于专利权的保护不足，致使"容忍"成为比"打击"侵权更优的选择，"内生性"激励不足引起发明人申请专利的积极性下降，却通过行政等"外生性"激励加以填补，如何能不引起专利激励制度的异化？

专利制度是建立在市场经济之上的制度，在西方国家已有数百年历史。所有与知识产权相关的哲学理论，如劳动论、功利论、人格论，乃至契约论、利益平衡论等，均是立足于市场经济对专利制度进行的思考。从一开始，专利权被认定为"应有权利"，然后才有专利制度将其确定为"法定权利"，进而作为一种财富加入市场经济之中。及至后期，随着市场经济范围的扩展，人们认识到专利权可以刺激创新活动，推动经济发展，专利制度的激励功能才被发掘出来，进而发展成为一种市场竞争工具。从历史角度观察，整个西方国家专利制度的发展过程都没有离开市场经济，换言之，市场经济中的规则成了专利制度背后不可忽略的规律，专利制度只有依照市场规则，才能利用市场"看不见的手"，规范所有市场竞争者的行为，真正发挥专利制度的作用。

1984年专利制度引入我国之初，我国是处于一定程度的计划经济环境之下的。此时论及我国对市场经济的干预，行政力量远大于市场力量，因此市场规则发挥的作用远不如西方国家。当时制度设计者并非不知道环境的差异，却仍寄希望于我国市场环境能够慢慢适应。随着我国加入世贸组织，国际贸易使得市场竞争迅速加剧，慢慢适应的条件已经不复存在。然而此时市场力量仍不足以支持专利制度的良好运营，因此只好发挥我国行政力量强大的优势，加大行政干预力度，利用各种行政资源对专利申请等加以激励，遂形成了我国特有的"外生性"层面的激励机制，与专利制度"内生性"层面的激励机制共同构成现行的专利激励制度。然而行政上的激励终归与专利制度背后的规则不相一致，以至于发生专利激励制度异化的后果。

专利激励制度的改进，一方面必须建立在市场经济的基础上，重视市场经济的规律，运用市场的力量；另一方面也必须和我国的国情相适应，不能完全放弃行政的强大力量。与西方国家数百年历史不同，我国专利制度设立至今只有30多年，从意识形态到物质基础仍有大量欠缺之处，市场力量并不强大，加上我国目前行政力量对市场的干预仍极为有力，似乎不应当将其埋没。因此，我国专利激励制度的改进，从主观目标到激励方式都必须坚持以市场力量为主，行政力量为辅的局面，也就是意志与规律必须相协调。

涉及具体制度改进措施设计，笔者认为：专利激励制度改进主观上应关注专利私权与公众利益的冲突，注重经济全球化、知识经济的机遇和挑战，着眼于如何建立科技引导型的创新国家，客观上立足于现行市场规则，善于利用现有市场理论。而强化市场力量层面的具体措施可以分为以下几种：法律上提高专利权的保护力度，完善赔偿机制，削弱"行政化"的专利资助制度等。

二、私权与公益的平衡

专利激励制度改进的价值选择必须遵循平等、自由、正义等法的价值原则。平等原则是社会公正的基础，是社会成员分享社会利益的保证；自由原则是人们有权从事法不禁止的一切活动，是分享社会利益的基础；而正义则是社会利益和负担的适当分配，是社会利益的分配模式。只有平等，才能实现当事人之间、权利与义务主体之间、个人与社会之间的利益公平分配；而知识产权的授予，又将赋予某一方面的自由，或使得某一方面存在不自由；而通过协调分配各方面的利益，赋予某一方的自由或不自由，最终实现正义。这个过程体现着自由与公益的平衡，完美表达利益平衡的理念。

专利激励制度来源于专利制度，其本源于知识产权法。知识产权法是一部保护私权的法律，知识产权本身就是一种私权，这种私权又具有很强的公共利益性质，正如《美国宪法》提出，"通过确保作者和发明者对其创作物和发明的有限期的保护来促进科学和有用艺术的进步"，所谓"促进科学和有用艺术的进步"即指公共利益，以此揭示知识产权法保护公共利益的内涵。公共利益体现社会公众对利益的共同追求，然而又不是每个社会个体自身利益的简单叠加。公共利益的存在，必然产生对个人自身利益的限制，如民法上的诚实信用原则、禁止权利滥用原则和公序良俗原则等。要求个人在实施自己权利的时候，不得损害公共利益，反映在法律的制定上，就是要平衡和协调二者之间的关系。

正因此，专利激励制度改进中需要充分地考虑利益平衡。专利权属于私权，是发明人财产的自由。从"内生性"激励层面，对发明人授予专利权是一种激励，那么这种激励就要足够，使其能够真正享受到排他使用权，任何未经许可的使用都必须承受足够的负激励；同样地，对公共权益的划分也必须非常明确，绝对不允许发明人利用"垃圾专利"等将共有权益转为私有，专利的"三性"必须充分，必须符合授予专利权的条件才能得到授权。另外，从"外生性"激励层面，必须对行政激励持审慎的态度，以防止出现使用"纳税人的钱"去支持"垃圾专利"之类的"滥激励"。总而言之，同时加强自由和公益两方面的激励，以此达到总体上利益的再平衡，是专利激励制度改进的关键。

专利激励理论扩张性与限制性尺度之辨析，同样体现着私权自由与公益的平衡。主张扩张专利激励的理论认为可以通过扩大私权自由来实现更大公益：如专利权能够提升社会总福利；专利权来源于劳动，是一种天赋人权；对专利权进行保护能够实现人格最大化；我国存在专利保护力度过低、保护范围过窄的问题等。扩张论认为应当通过加大保护力度，扩大保护范围，以提升激励的效果，构建创新型环境，实现社会福利最大化。而主张限制专利激励的理论则认为必须限制自由来保护公共利益：如现有法律对专利的限制不足，导致专利稳定性差，闲置率高，公共资源被占用等。限制论则认为应当重视专利质量，防止公共利益被侵吞；或重视专利的转化率，防止专利工具化，提高资源配置。

涉及具体制度改进措施设计，笔者认为：从专利激励理论扩张角度，或重视自由的角度，应当包括提高专利保护在我国法律体系中的地位，强化发明专利权的保护力度，引入"惩罚性"赔偿规则，完善专利行政执法能力；而从专利激励理论限制角度，或重视公益的角度，则应当包括建立发明专利与实用新型专利差别保护制度，完善侵权所失利益计算方法，完善"专利权评价报告"制度等。

三、效率与公平的统筹

作为人类追求的法律价值，效率与公平具有一致性，又相互冲突。专利激励制度改进必须实现效率与公平的统筹，作为一种以激励为导向的制度，效率是其必然追求；同时激励的结果必须是公平的，因此公平也是其必然追求。专利激励制度必须对二者进行统筹，以保持其中的动态平衡。

从专利激励制度的"内生性"层面看：对于发明人而言，专利权的承认实现了权利的内部化，促使其对专利权进行使用，是有效率的安排；对于社会而言，专利权的确认将建立创造性环境，极大地激发更多的人投入知识产权的制造，同样是有效率的安排。同样地，法律面前人人平等，体现在：从程序上对公平的追求，如确保每个人都有从事发明创造的自由，专利权人权利义务对等，"国民待遇原则"等；以及结果上公平的追求，如专利费用的缴纳、专利的时效性、专利权人实施专利的义务、不认为侵权的使用、强制许可等。从专利激励制度的"内生性"层面，建立初步的效率和公平统筹的运作方式，起到既促进效率提升，又维护个体和社会利益的作用。从"外生性"激励层面看：现行制度侧重于对效率的提升，如对专利申请的资助，专利池、专利同盟的构建等；却对公平的关注不足，如对专利授权审查力度、文件的技术公开、专利授权后权利滥用等问题的关注不足；因此必须着重防止过度重视申请效率，忽视社会公平的困境。从总体上看，关注效率的同时不能丢失公平，这是专利激励制度改进的关键。

专利激励理论扩张性与限制性尺度之辨析，同样体现着效率和公平的统筹。主张扩张专利激励的理论认为可以通过加强专利权的保护，来提升专利的转化率和鼓励更多人参与创新发明，提高社会总效率；同时通过实施专利行政激励，大量激发专利申请，进而参加国际竞争，这是有效率的安排。而主张限制专利激励的理论则认为必须限制专利权的滥用来保证公平，应当确保专利权人的权益和社会公益之间的平衡，将不公平限定在一定的范围内，对专利的激励实施限制。专利激励制度的改进必须着眼于效率，又要兼顾公平。不仅通过加强对专利权的保护以确保激励效果，又要降低社会成本，维护社会收益，使得整个专利激励制度有助于促进技术革新和传播，有利于维护发明人和使用者的利益，维护整个社会的权利义务平衡。

涉及具体制度改进措施设计，笔者认为：从专利激励理论扩张角度，或从效率的角度，应当强化发明专利权的保护力度，引入"惩罚性"赔偿规则，废除专利侵权诉讼中的"诉讼中止"制度，完善专利行政执法能力等；而从专利激励理论限制角度，或从公平的角度，则应当明确专利保护在我国法律体系的位阶问题，建立发明专利与实用新型专利差别保护制度，完善侵权所失利益计算方法，完善"专利权评价报告"制度等。

第四章 专利激励制度的
多维度实践

第一节 专利授权维度

一、美国专利授权制度实践

从激励的角度来看，美国专利授权层面的激励呈现明显的针对性，如对于技术性较高的发明提供较强的激励（如保护范围广、宽限时间长、保护时间长、先发明制、申请便捷、方式多样等），而对于技术性较低的发明则作负激励（如不作保护等）。这是与美国世界领先的科技水平相适应的，激励导向清晰分明，倾向于技术先进的发明创造者。

（一）中美专利授权制度及差异

美国作为世界上最早建立知识产权法律和制度的国家，其知识产权制度十分完善，但却并没有建立二级专利保护体系。虽然根据《美国专利法》，只要满足第 101 条❶和第 102 条❷规定的发明创造，就可提出常规专利申请，但是中国与美国之间的专利申请和授权制度均存在较大差异，特作介绍如下。

1. 专利类型的差异

中国申请的专利类型有三种，即发明专利、实用新型专利和外观设计专利。发明专利采用实质审查制度，其他两种采用形式审查制度；而美国则只有发明专利和外观设计专利，自从 1982 年《美国专利法》修改后❸，实用新型便被排除在专利技术之外。《美国专利法》规定，只要满足其第 101 条和第 102 条规定的发明创造，皆可以提出发明专利申请，并采用实质审查制度；在外观设计专利方面，美国外观设计专利的申请文件必须是

❶　现行的《美国专利法》第 101 条规定："可获专利的发明是指凡发明或发现任何新颖而适用的制法、机器、制造品、物质的组分，或其任何新颖而适用的改进者，可以按照本编所规定的条件和要求取得专利权。"

❷　现行的《美国专利法》第 102 条规定："专利性的条件：新颖性和专利权的丧失如果没有下列任何一种情况，有权取得专利权：

（a）在专利申请人完成发明以前，该项发明在本国已为他人所知或使用的，或者在本国或外国已经取得专利或在印刷的出版物上已有叙述的。

（b）该项发明在本国或外国已经取得专利或在印刷出版物上已有叙述，或者在本国已经公开使用或出售，在向美国申请专利之日以前已达一年以上的。

（c）发明人已经放弃其发明的。

（d）该项发明已经由申请人或其法定代理人或其承受人在外国取得专利权，或使他人取得专利权，或者取得发明证书而向外国提出的关于专利或发明证书的申请是在向美国提出申请以前，而且已达十二个月以上的。

（e）在专利申请人完成发明以前，该项发明已经在根据他人向美国提出的专利申请而批准的专利说明书中加以叙述的。

（f）请求给予专利权的发明并非申请人自己完成的。

（g）在申请人完成发明之前，该项发明已由他人在美国完成，而且此人并未放弃、压制或隐瞒该项发明的。"

❸　1982 年 10 月 1 日开始生效的《联邦法院改革法》设立一专门联邦上诉法院（The Court of Appeals for the Federal Circuit），受理所有来自各地方法院（district court）的专利上诉案件，以及专利商标局各委员会（boards）的上诉案件。该法院的设立彻底改变了美国的专利政策，大大强化了对专利的保护。另外，美国专利商标局（The United States Patent and Trademark Office，USPTO）对自身费用结构和资金供应方面进行了改革。这些看似普通的程序改革共同发挥作用，使美国专利政策和实践发生了自 1836 年以来最深刻的变革。详见张怀印：《美国专利法改革述评》，载《美国研究》2010 年第 1 期。

工程图纸而不能是照片，同样采用实质审查制度，审查人员对可专利性乃至于图纸上的纰漏都要进行审查，从对创造性的要求来看，其与中国外观设计专利的技术要求水平是相当的。

2. 对于申请专利客体限制的区别

《美国专利法》对取得专利权的客体没有作禁止性的规定，只规定了具备专利申请的条件即可以申请专利，并用列举的方式进行描述，包括：方法（或者称为制法）、机器、产品（或者称为制造品）和物质的组成；而我国《专利法》对某些专利客体作出禁止性规定❶，故从客体角度而言，《美国专利法》授予的专利权客体比我国《专利法》规定得更加广泛。

3. 对于新颖性要求的区别

我国专利申请中的新颖性❷采用的是绝对新颖性的标准，根据我国《专利法》第 24 条的相关规定，新颖性的宽限期限一般为 6 个月。美国同样采用绝对新颖性的标准，但其新颖性宽限期比我国《专利法》的规定要长一些，《美国专利法》第 102 条规定了常规专利新颖性有 1 年的宽限期限，故在出版物上发表或者公众所知晓的 1 年内，发明人仍然可以向美国专利商标局提出常规专利申请。由于美国的宽限期限太长，实践中经常出现一些美国发明人在宽限期内发现自己的发明很有市场，再去国外申请专利时，已经超过了国外有关申请国家的宽限期限的情况。

值得注意的是，美国采用的是先发明制，即专利权利归属第一个发明者而不是申请者，因此在发明还没有真正完成之时，该项创造被假设处于保密状态，在发明完成之时，只要该项技术是新的，即使申请时已经不是新技术，仍可被认定为具备新颖性。

4. 专利保护年限的区别

我国的发明专利保护年限为 20 年，实用新型和外观设计专利保护期均

---

❶ 根据《专利法》第 25 条第 1 款的规定，对于科学发现、智力活动的规则和方法、疾病的诊断和治疗方法、动物和植物品种以及用原子核变方法取得的物质都不授予专利权。

❷ 《专利法》第 22 条第 2 款规定："新颖性，是指该发明或者实用新型不属于现有技术；也没有任何单位或者个人就同样的发明或者实用新型在申请日以前向国务院专利行政部门提出过申请，并记载在申请日以后公布的专利申请文件或者公告的专利文件中。"

为 10 年，保护期从提出专利申请日起开始计算；美国常规专利申请的保护时限是从提出申请之日起开始计算，为 20 年，还可以采用临时专利申请的办法，将临时专利的申请日确定为优先权日，利用临时专利的 1 年保护时间，将发明专利的实际保护期限延长为 21 年。另外，美国外观设计专利的保护年限为 14 年，比我国的保护期要长。

5. 申请文献公布时间的区别

除了实用新型专利和外观设计专利是在授权之时公布的，我国发明专利的公布时间一般是申请后的 18 个月❶，国务院专利行政部门可以根据申请人的请求提早公布其申请，故而，中国专利申请文献的公布是有确定时间的，少有推迟公布的可能性；而美国专利申请文献在专利申请审查完毕之前是不会对社会公开的，在获得专利权后，专利局还可以根据专利权人的要求对其专利申请文献内容保密，充分体现了美国专利制度对私人财产的保护。

（二）美国临时专利制度

由于美国没有实用新型专利制度，因此技术性较低的发明创造缺乏相应的保护空间，对此，美国专利局和法院一方面通过放宽专利审查的标准，将一部分技术性较低的发明创造囊括其中；另一方面便试图通过一种临时保护制度，解决专利的创造性与时间的问题。

美国临时专利制度是相对于常规专利保护制度而言的，一般而言，临时专利的申请费用与常规专利的申请费用相比更便宜❷且申请的形式更灵活❸，故而，临时专利申请通常被用作常规专利申请完成前向专利局递交

---

❶ 《专利法》第 34 条规定："国务院专利行政部门收到发明专利申请后，经初步审查认为符合本法要求的，自申请日起满十八个月，即行公布。国务院专利行政部门可以根据申请人的请求早日公布其申请。"

❷ 根据现行《美国专利法》第 41 条的规定，每一项临时专利申请的费用为 80～160 美元，常规专利申请的费用为 340～740 美元。——作者注

❸ 依据现行《美国专利法》第 111 条第（a）款规定，允许提交多个临时专利申请，最终可将它们合并为一个临时专利申请；根据第（b）款的规定，临时专利申请提出的一年内，可转化为常规性专利申请。

的临时或过渡申请，使发明者可以有更充分的时间来调查其发明的商业应用相关情况，开发可能的市场。

　　美国临时专利采用形式审查制度，申请程序简单快捷，申请只需满足《美国专利法》第 111 条第（b）款和第 119 条第（e）款规定的形式上的要件就可得到批准，同时从申请之日起发明就能够得到保护，其提供了有效期为 1 年的暂时性技术垄断，为常规专利申请的提出做好了准备。相比之下，美国常规专利申请时间较长，申请条件也规定得较为严格，比如申请的权利要求书和说明书，一定要满足《美国专利法》第 131～135 条规定以及第 111～122 条中关于专利新颖性、实用性和创造性的规定等，且申请常规专利所需的时间较长，通常需要 3～5 年，在产品完全成型之前的申请专利期间内难以防范侵权风险❶。

二、日本专利授权制度实践

　　日本专利激励制度呈现高技术强激励，中技术弱激励，低技术负激励的立法倾向。日本通过细致的分别立法，使得不同层次的发明创造都能得到相应的保护，从而为不同程度的创新提供不同层次的激励。鉴于日本技术水平低于美国，但仍为世界先进国家的现实，从专利激励制度改进的角度而言，其是最值得我国借鉴的国家。

---

　　❶ 在美国专利申请实践中，临时专利制度被广泛用于以下情况。（1）在专利申请人没有充裕的时间对自己的专利提出常规的申请时的登记替代，通常一项临时性申请已足以垄断一项发明，而且能向申请人提供优先权日期和专利受理号。（2）用于在技术未完善时抢先注册，有些拟提出常规专利申请的发明创造虽然在概念上是完整的，但是在工程技术上还需要进一步的完善，在这种情况下，先进行临时专利申请有利于发明人在未决期间完善、改进发明创造，有利于充实常规专利申请的权利要求书以及扩大专利保护范围。（3）临时申请作为开始常规专利申请过程的低成本选择，对于还没有确定发明的市场价值的权利人来说，申请临时专利比申请常规专利要划算，既抓住了专利保护的工具，又没有浪费资金。（4）提高专利授权的机会，申请人可以连续提出几个相关的临时专利申请，然后选择最早的临时专利申请日作为自己相关常规专利申请的优先权日。此时，由于多个临时专利申请合并，申请文件的撰写更加完善，再加上选择最早提出的申请日作为常规专利的申请日，那么，申请人申请常规专利的成功率将会增加。

（一）日本三种专利制度比较

与我国三种不同类型专利归于同一部《专利法》不同，日本对三种不同类型专利采用分别单独立法的方式。《日本专利法》作为日本专利制度的基础法，其立法目的与其他先进国家相比并无二致，另外两种类型专利（实用新型专利、外观设计专利）的法律制度都是在《日本专利法》的基础上发展起来的，之所以分为三部法律而不是一部法律进行立法，是由于立法者认为其启动时间、立法思想、授权模式、保护力度等均不尽一致，作为三部法律进行立法似乎更有利于平衡各方利益。

与发明专利制度目的是保护"利用自然规律进行的具有高度创造性的技术思想"[1]比较，实用新型专利制度是保护"小发明"并激励其公开内容的法律制度[2]，其保护的是"利用自然规律进行的具有创造性的技术思想"。对于保护客体，二者皆为"技术思想"，唯其不同在于"技术思想"的"高度"，故此，对发明专利采用实质审查制度，而对实用新型专利，自 1993 年之后，采用形式审查制度。值得一提的是，一定条件下，日本发明专利可以转为实用新型专利，而实用新型专利也可以通过实质审查转为发明专利。

日本外观设计注册登记制度被认为是一项激励工业产品设计的制度，以防止存于产品表面的外观设计被模仿造成损失为目的。与发明专利和实用新型专利制度比较，外观设计专利制度虽然保护的目的同样是"创作"，但却排斥具有功能性的创作，要求能够给人们带来"美感"，追求一种对顾客审美价值上的吸引力。总的来说，在保护客体范围上，其与中美的外观设计专利制度并无二致；而在审查制度上，却采用与美国外观设计专利制度相同的实质审查制度，审查内容与中美外观专利要求相

---

[1]《日本专利法》第 1 章第 2 条第 1 款：この法律で「発明」とは、自然法則を利用した技術的思想の創作のうち高度のものをいう。来源：日本特许厅，访问网址：http://www.meti.go.jp/intro/law/index_tokkyo.html，访问时间：2017 年 6 月 14 日。

[2]［日］田村善之：《日本知识产权法》，周超、李雨峰、李希同，等译，知识产权出版社 2010 年版，第 347 页。

似，分别为工业上的可利用性（实用性）、新颖性和非容易创作性（创造性）。

鉴于发明专利和实用新型专利两者的"技术高度"不同，立法者采用了不同的保护力度，由于发明专利的技术性较高，因此保护力度也较强。由于实用新型专利的技术性较低，因此保护力度也较弱，从不同的处刑范围和罚款金额，体现出对不同技术水平贡献的不同保护力度，与我国使用相同处罚及赔偿判断标准比较，其权利与义务趋向更加平衡。对于外观专利权的保护，日本采用与发明专利相当的保护力度。

从三种专利的保护期限来看，实用新型专利最短，保护期限为 10 年，发明专利和外观设计专利都是 20 年❶。这种立法设计，体现出日本立法者认为外观设计专利的技术性难度高于实用新型专利，且不低于发明专利的立法价值判断，给足了设计者进行市场转化的时间。反观中国，外观设计专利 10 年的保护时间似乎有所不足，如"喜洋洋"等产品始创于 2005 年，外观设计已过 10 年期限，市场销售方兴未艾，而著作权的保护力度始终不尽如人意，对于创作者的市场打击可想而知。

（二）日本实用新型专利制度

尽管日本实用新型专利制度采用单独立法的方式，且其实用新型专利制度保护范围、审查制度和创造性❷与我国有所不同，但是其立法目的和

---

❶《日本外观专利法》第 21 条：意匠権（関連意匠の意匠権を除く。）の存続期間は、設定の登録の日から二十年をもって終了する。来源：日本特许厅：访问网址：http：//www. me-ti. go. jp/intro/law/index_tokkyo. html，访问时间：2017 年 6 月 14 日。2. 関連意匠の意匠権の存続期間は、その本意匠の意匠権の設定の登録の日から二十年をもって終了する。来源：日本特许厅：访问网址：http：//law. e‒gov. go. jp/cgi‒bin/idxselect. cgi？IDX_OPT = 1&H_NAME = % 88% D3%8f% A0%96@ &H_NAME_YOMI = % 82% A0&H_NO_GENGO = H&H_NO_YEAR = &H_NO_TYPE = 2&H_NO_NO = &H_FILE_NAME = S34HO125&H_RYAKU = 1&H_CTG = 1&H_YOMI_GUN = 1&H_CTG_GUN = 1，访问时间：2017 年 6 月 14 日。

❷《日本实用新型法》第 1 条：この法律は、物品の形状、構造又は組合せに係る考案の保護及び利用を図ることにより、その考案を奨励し、もつて産業の発達に寄与することを目的とする。来源：日本特许厅，访问网址：http：//www. meti. go. jp/intro/law/index_tokkyo. html，访问时间：2017 年 6 月 14 日。

条款内容却与我国的实用新型专利制度类似。

（1）保护范围：利用了自然法则的技术构思上的创造，涉及产品形状、构造或其结合，并且适于工业上实施❶。其所谓产品是指具有一定的形状，该形状是确定的空间形状❷，可运输并且用途明确的物品。其形状是指以线或平面表现出来的外部形态。其结构是指三维的空间构造。所谓结合是指两个或多个产品在空间上各自分离，并且它们具有独立、固定的空间结构或形状，当它们结合时由于相互作用而产生了一定应用价值。❸ 其法条的设置是为了平衡社会公众的利益，因为实用新型专利制度是一个简易的保护制度，如果不将实用新型专利可授权的保护客体限制为可以从外部判定的方法、化学物质或者绘图等来识别，对于社会公众来说，判断实用新型专利权的内容是相对比较困难的。

（2）审查制度：日本的新型技术授权之前不需要经过实质审查，不采用实质审查的一个原因是为了保护那些早期实施的和生命周期短的技术，当然也有考虑到申请人的意愿和与国际上实用新型制度普遍采用的做法保持一致的原因。

（3）技术要求：在实用新型登记的申请日之前，如果本领域普通技术人员根据现有文献的描述能够极其容易地获得该设计，那么该实用新型登

---

❶《日本实用新型法》第 2 条第 1 款第 1 项：この法律で「考案」とは、自然法則を利用した技術的思想の創作をいう。来源：日本特许厅，访问网址：http://www.meti.go.jp/intro/law/index_tokkyo.html，访问时间：2017 年 6 月 14 日。

❷《日本实用新型法》第 3 条：産業上利用することができる考案であつて物品の形状、構造又は組合せに係るものをした者は、次に掲げる考案を除き、その考案について実用新案登録を受けることができる。来源：日本特许厅，访问网址：http://www.meti.go.jp/intro/law/index_tokkyo.html，访问时间：2017 年 6 月 14 日。

❸《日本实用新型法（审查指南）》第十部分第 2.3.1 章，转引自《中日韩实用新型对比研究表》，来源：国家知识产权局，访问网址：http://www.sipo.gov.cn/gjhz/，访问时间：2017 年 6 月 14 日。

记基于在先的技术无法获得授权❶。在日本的实用新型专利制度设立之初，考虑到与国外技术相比，本国技术水平较低，并且已有技术多属于改进型技术，制度设立初衷是作为一项工业政策，通过设置不同的条款以保护那些不被专利法所保护的小发明。但是在技术性规定条款上，《日本实用新型法》并未设置一条定量的边界线，一旦涉及专利无效程序，在技术领域和实际审查判断中，对发明专利和实用新型专利的创造性审查并无实际区别。

（三）技术评价书制度

鉴于日本的实用新型专利制度没有采用实质审查制度，为了防止实用新型专利的滥用，日本不仅设立了与侵权诉讼有关的实用新型专利无效程序加速审理制度，以加强专利保护的准确度，还建立了所谓的"技术评价书"制度。"技术评价书"就是记载了以下内容的技术评价报告：关于实用新型注册申请或与之相关的技术方案是否因公开发行出版物的登载而丧失新颖性，是否因新颖性的丧失而缺乏进步性，有无同日申请、扩大申请的情况等。它是基于申请人向特许厅长官提出的技术评价之请求❷，再由

---

❶ 《日本实用新型法》第3条第2款：実用新案登録出願に係る考案が当該実用新案登録出願の日前の他の実用新案登録出願又は特許出願であつて当該実用新案登録出願後に第十四条第三項の規定により同項各号に掲げる事項を掲載した実用新案公報（以下「実用新案掲載公報」という。）の発行又は特許法第六十六条第三項 の規定により同項 各号に掲げる事項を掲載した特許公報の発行若しくは出願公開がされたものの願書に最初に添付した明細書、実用新案登録請求の範囲若しくは特許請求の範囲又は図面（同法第三十六条の二第二項 の外国語書面出願にあつては、同条第一項 の外国語書面）に記載された考案又は発明（その考案又は発明をした者が当該実用新案登録出願に係る考案の考案者と同一の者である場合におけるその考案又は発明を除く。）と同一であるときは、その考案については、前条第一項の規定にかかわらず、実用新案登録を受けることができない。ただし、当該実用新案登録出願の時にその出願人と当該他の実用新案登録出願又は特許出願の出願人とが同一の者であるときは、この限りでない。来源：日本特许厅，访问网址：http：//www. meti. go. jp/intro/law/index_tokkyo. html，访问时间：2017 年6 月14 日。

❷ 《日本实用新型法》第12条第1款：実用新案登録出願又は実用新案登録については、何人も、特許庁長官に、その実用新案登録出願に係る考案又は登録実用新案に関する技術的な評価であつて、第三条第一項第三号及び第二項（同号に掲げる考案に係るものに限る。）、第三条の二並びに第七条第一項から第三項まで及び第六項の規定に係るもの（以下「実用新案技術評価」という。）を請求することができる。この場合において、二以上の請求項に係る実用新案登録出願又は実用新案登録については、請求項ごとに請求することができる。来源：日本特许厅，访问网址：http：//www. meti. go. jp/intro/law/index_tokkyo. html，访问时间：2013 年11 月14 日。

审查官制作的❶。与中国的专利权评价报告比较，有两个突出的特点。

（1）请求人的范围更大。

"任何人都可以向特许厅索取技术评价书。"❷日本允许公众查询、复制技术评价书，减少检索报告的申请数量，检索报告请求人的范围扩大到所有人。同时，"在实用新型专利权消灭后，为了过去行为的损害赔偿之请求，也可以索取技术评价书"❸。

（2）未取得专利评价书和发出警告，不得行使权利。

当实用新型专利权人未向特许厅长官提出请求，取得由审查官制作的实用新型技术评价书，并未向侵害行为人出示并发出警告时，则不能行使其实用新型专利权❹。

日本通过技术评价书制度对实用新型专利权人的权利进行限制，与我国的实用新型专利制度比较，实质上是将实用新型专利"授权"降格为实用新型专利"备案"，专利评价书显示为不符合授权条件的实用新型专利将不具备用于起诉的效力，从而削弱某些权利人滥用实用新型专利的冲

---

❶《日本实用新型法》第12条第2款：前項の規定による請求は、実用新案権の消滅後においても、することができる。ただし、実用新案登録無効審判により無効にされた後は、この限りでない。来源：日本特许厅，访问网址：http：//www. meti. go. jp/intro/law/index_tokkyo. html，访问时间：2017年6月14日。

❷《日本实用新型法》第12条第1款：実用新案登録出願又は実用新案登録については、何人も、特許庁長官に、その実用新案登録出願に係る考案又は登録実用新案に関する技術的な評価であつて、第三条第一項第三号及び第二項（同号に掲げる考案に係るものに限る。）、第三条の二並びに第七条第一項から第三項まで及び第六項の規定に係るもの（以下「実用新案技術評価」という。）を請求することができる。この場合において、二以上の請求項に係る実用新案登録出願又は実用新案登録については、請求項ごとに請求することができる。来源：日本特许厅，访问网址：http：//www. meti. go. jp/intro/law/index_tokkyo. html，访问时间：2017年6月14日。

❸《日本实用新型法》第12条第3款：前二項の規定にかかわらず、第一項の規定による請求は、その実用新案登録に基づいて特許法第四十六条の二第一項の規定による特許出願がされた後は、することができない。来源：日本特许厅，访问网址：http：//www. meti. go. jp/intro/law/index_tokkyo. html，访问时间：2017年6月14日。

❹《日本实用新型法》第29条第2款：実用新案権者又は専用実施権者は、その登録実用新案に係る実用新案技術評価書を提示して警告をした後でなければ、自己の実用新案権又は専用実施権の侵害者等に対し、その権利を行使することができない。来源：日本特许厅，访问网址：http：//www. meti. go. jp/intro/law/index_tokkyo. html，访问时间：2017年6月14日。

动，达到减少滥诉、节约司法成本的目的，实现对实用新型专利滥用的限制。

三、我国台湾地区专利授权制度实践

从激励的层面而言，我国台湾地区的专利激励制度相对保守，这是由台湾地区科技发展处在世界中游地位决定的，其着重点在于防止专利权的滥用，如"新型专利技术报告制度"和专利权无效后的赔偿规则等均呈现出对低技术发明的保守态度和负激励。

台湾地区的实用新型专利称为"新型专利"，其于2004年7月修改其所谓"专利法"，将对"新型专利"的实质审查改为形式审查，2013年再次对其"专利审查基准"进行了修正，对第四篇"新型专利审查"也作了修改。从保护范围而言，台湾地区的"新型专利"客体范围与大陆现行实用新型专利制度保护的客体范围相同。❶ 从审查制度而言，台湾地区对新型专利采用形式审查的方式，根据台湾地区所谓"专利法"第120条的规定，所谓"形式审查"，是指对于新型专利申请案之审查，依据说明书、申请专利范围、摘要及图示判断是否符合形式要件，而不进行需耗费大量时间之"前案检索"以及是否符合专利要件之"实体审查"。综观台湾地区"专利法"，其"新型专利技术报告制度"和专利权无效后的赔偿规则颇具特色，值得我们借鉴。

1. "新型专利技术报告制度"

根据"新型专利技术报告制度"的规定，新型专利经公告后，任何人均可以向专利管理机构申请出具新型专利技术报告，且该申请不得撤回。

---

❶ 根据我国台湾地区所谓"专利法"第104条的规定："新型，指利用自然法则之技术思想，对物品之形状、构造或组合之创作。"申请专利之新型必须是利用自然法则之技术思想，占据一定空间的物品实体，且具体表现于物品上之形状、构造或组合的创作。即是说，新型专利是指基于形状、构造或组合之创作，而制造方法、使用方法、处理方法等以及没有空间形状、构造的化学物质、组成物，均不符合新型的定义。所以，申请新型专利必须满足：a.利用自然法则之技术思想；b.范畴为物品；且c具体表现于形状、构造或组合。来源：百度文库，访问网址：https://wenku.baidu.com/view/32c0cdabee06eff9aef807a7.html? from = search，访问时间：2017年6月14日。

专利管理机构应当将上述提出新型专利技术报告的申请在专利公报上刊登，应当指定专利审查人员作出新型专利技术报告，并由该专利审查人员署名。如果符合相关规定，该新型专利技术报告应当在 6 个月内完成。即使某新型专利权丧失，仍可对其提出新型专利技术报告。❶

相较同样实行了类似制度的大陆地区，台湾地区的"新型专利技术报告制度"规定有以下两个特点：一是任何人均可以向专利管理机构申请出具新型专利技术报告，而大陆地区则仅限于专利权人和利害关系人，其中利害关系人根据《专利法》第 60 条的规定，是就专利侵权纠纷向人民法院起诉或者请求专利管理部门处理的人；再是对于多个请求者，可以作出多份报告，其原意在于检索期间不同而发现其他之前未经检索公开或者公告的资料或者是前次未经斟酌的资料。❷ 而大陆地区则规定专利权评价报告一旦作出，即使该专利后续情况出现较大的变化，一般不接受作出评价的请求，同时也以专利权评价报告不是行政决定为理由，不接受专利权人或者利害关系人根据报告提起的行政复议和行政诉讼。

2. 侵权诉讼中专利权无效后的赔偿规则

我国《专利法》规定，宣告专利权无效的决定同样视为该专利自始无效，但是该无效的法律效力不溯及既往，并且例外地规定，因专利权人的恶意给他人造成损失应当给予赔偿。而我国台湾地区的"专利法"规定："新型专利权人之专利权遭撤销时，就其于撤销前，对他人因行使新型专利技术所致损害，应负赔偿之责；前项情形，如系基于新型专利技术报告之内容或已尽相当注意而行使权利者，推定为无过失。"❸ 由此可见，台湾地区的"专利法"对专利权人的限制更为严格，也即只有基于新型专利技术报告的内容或已尽相当注意而行使权利者，才可以不溯及既往；而大陆地区则自动推定为无过失，无须尽前述应当注意义务。因此，台湾地区的

---

❶❸　徐棣枫：《海峡两岸实用新型专利制度最新发展研究——兼及权利不确定性问题解决路径之比较》，载《法学杂志》2010 年第 6 期。

❷　来源：专利知识库，访问网址：http://www. naipo. com/Portals/1/web_tw/Knowledge_Center/Laws/TW – 15. htm，访问时间：2013 年 9 月 30 日。

"新型专利技术报告制度"能够更为有效地平衡对"新型专利技术"的过度保护，防止专利权的滥用。

四、经验借鉴

从激励角度而言，专利授权属于一种激励，是专利保护激励的门槛，是获得专利保护的必要条件。虽说"不能获得授权，就必然不能获得保护；获得了授权，却不等于就能够获得保护"，然而专利授权终归是一种赋权，相当于授予专利权人一项无形财富，一个竞争工具。因此，综观美国、日本等国家以及我国台湾地区，对专利授权采用的都是相当审慎的态度，严格限制激励的范围。

从激励角度观察，首先，在授权判断上，美国、日本等国家以及我国台湾地区都严格按照专利的"三性"进行判断，且不将技术性作为激励要素，换言之，不为促进专利申请而降低授权要求。其次，待遇方面分级，严格按照创新技术水平不同对应不同待遇的等级激励，如美国不接受实用新型专利申请，日本、我国台湾地区等的实用新型专利制度加评价报告等。再次，专利申请的资助上，较少有申请资助等"外生性"层面的激励，最多是部分申请费用的减缓，始终保持着专利费用对专利申请的负激励，以维持专利的质量。复次，在折中措施上，通过如"临时专利制度""评价书制度"或"新型专利技术报告制度"来让部分具有存疑专利确权，以保证权利不会被滥用。最后，对于专利申请的（正）激励，只能体现在保护客体范围的扩大上或授权年限上，严格控制（正）激励的范围。

我国在专利授权激励维度上的改进应当遵循审慎激励的原则，且不能放弃必要的负激励。借鉴先进经验，如应当确保专利的"三性"；如应当停止在授权维度上的"外生性"激励，保持在申请费用上的负激励；如严格按照技术等级给予不同待遇；如利用"评价书制度"等辅助措施确权等。专利激励制度的改进可以从建立我国发明专利与实用新型专利差别保护，完善"专利权评价报告"和专利激励资助等制度上下功夫。

第二节　专利促进维度

一、美国专利促进制度

从激励角度而言，美国专利促进制度激励重点在于：强调专利权的价值保护，实际发明人对专利权的获得，以及企业科技研发投入的激励，以达到间接刺激专利数量增长的目的。美国专利促进制度较少直接对专利评价之类进行行政奖励，或是对专利申请进行资金激励，也没有对发明人的各种行政奖励。从激励层面而言，主要涉及"内生性"激励层面和研发补助，较少"外生性"激励。

（一）美国知识产权宪法保障制度

早在 1787 年，《美国宪法》就在其第 1 条第 8 款规定，"国会有权籍由保障著作人及发明人于特定期限内就其著作及发明享有排他权，以促进科学和有用技艺的发展"，时至今日，这仍是世界上唯一一部写有专利条款的宪法。据此条款，美国于 1790 年颁布了第一部《美国专利法》，于 1802 年成立了国家专利与商标局。沿袭这一思想，美国成为世界上 200 多年来，综合科技和经济发展最快的国家，建立了世界上对维护本国知识产权利益最有效的法律制度和保障体系。

《美国宪法》的知识产权条款是由该法第 1 条第 8 款和两个修正案共同构成的。其中该法第 1 条第 8 款第 8 项❶规定："国会有下列权力：……[8] 赋予作者和发明者对其各自的著作和发明与发现一定期限的专有权，

---

❶　原文："The Congress shall have power... To promote the progress of science and useful arts, by securing for limited times to authors and inventors the exclusive right to their respective writings and discoveries." 来源：360 图书馆，访问网址：http://www.360doc.com/content/16/0714/17/31418349_575505068.shtml，访问时间：2017 年 9 月 10 日。

以促进科学和有用技艺……"这是美国知识产权保护的核心条款,其确立了保护的客体、赋予权利的机构以及立法的目的,是随后《美国专利法》设立的规范方针。两个修正案则分别是"正当程序条款"和"充公条款",根据美国宪法第 5 条修正案规定:"任何人未经正当法律程序,不得被剥夺生命、自由或财产,非给予正当的赔偿,不得征用私有财产以供公共使用。"以及第 14 条修正案规定:"不论何州……不经正当法律程序,不得剥夺任何人的生命、自由或财产。"通过宪法的知识产权条款,美国确立了保护公民生命、自由或财产的规则,并通过法律对作者及发明人的创作予以一定时间的保护。

美国宪法的知识产权条文作为最基本的法律渊源,对知识产权保障体系的产生、发展、完备、延续起到了积极深远的影响。首先,其不仅以最高立法的形式确认和保护公民的知识产权,通过宪法的知识产权条款确立专利权的保护,更将对知识产权的一部分保护归入宪法财产权保护中,纳入宪法规范的范畴,依照宪法的规定对权利实施保护,当公民知识产权受到侵犯时甚至可以提起宪法诉讼。其次,借此推动联邦和各州立法以及司法的不断完善,一方面美国是个判例法的国家,依靠各联邦法院的司法判例不断完善专利权公私两种属性的诠释;另一方面通过不断完善各种法律,使得知识产权各项保护的立法位于世界前列。最后,由各项法律构建出完整的知识产权保护体系,使得美国的专利激励制度发挥巨大功效,科技及经济发展位于世界前列。

(二) 美国专利创新激励制度

美国能够在接连而至的经济危机中保持世界领先地位,荣登世界第一科技大国宝座几十年,其专利创新激励制度体系功不可没。对于现行美国的专利创新激励制度而言,除了专利的宪政制度和严格的专利保护制度之外,便是其创新主体推动政策(《杜拜法案》等)和技术商业化制度(如《联邦技术转移法》),这些激励制度使得越来越多的主体成为发明创造者,让资金流入创新风险投资体系,催生大量的孵化器、企业科技服务机构、中小型创新企业等，极大地推动了科技创新以及成果转化，促进美国产业持续创新。

1.《杜拜法案》

1980 年美国国会通过《杜拜法案》，旨在放宽美国知识产权所有人的范围，并促进知识产权的转化。其主要做法是将利用美国联邦政府资金赞助和政府合同下科研项目产生的知识产权划归实际发明人所有，这些发明人可包括大学、非营利组织和中小企业，再由发明人承担这些知识产权转化的工作，政府只保留监督权。这一法案激发了发明人的创新热情，也使得发明人的创造方向与实际应用更相贴合，随着这一法案的实施，财政资助和合同产生的知识产权数量和转化率极大提升。1991~2000 年，大学与企业间许可协议增长了 161%，大学中的使用费用收入增加了 520%。[1]

《杜拜法案》的成功被世界上众多国家如日本等模仿，我国也不例外，2007 年修改的《科技进步法》中的第 20 条[2]从法律层面肯定了项目实施者可以获得该项目的知识产权，被视为中国的"杜拜条款"，然而奇怪的是，我国的高校成果转化率并没有因此得到显著提高。研究表明，在 2007 年《科技进步法》修改前，我国高校科技成果的转化率是 5%[3]，至 2011 年转化率依旧是 5%[4]。

---

[1] Risa L. Lieberwitz, Education Law: The Corporatization of Academic Research: Whose Interests Are Serve. Akron Law Review, 2005: 765.

[2] 《科技进步法》第 20 条规定："利用财政性资金设立的科学技术基金项目或者科学技术计划项目所形成的发明专利权、计算机软件著作权、集成电路布图设计专有权和植物新品种权，除涉及国家安全、国家利益和重大社会公共利益的外，授权项目承担者依法取得。项目承担者应当依法实施前款规定的知识产权，同时采取保护措施，并就实施和保护情况向项目管理机构提交年度报告；在合理期限内没有实施的，国家可以无偿实施，也可以许可他人有偿实施或者无偿实施。

项目承担者依法取得的本条第一款规定的知识产权，国家为了国家安全、国家利益和重大社会公共利益的需要，可以无偿实施，也可以许可他人有偿实施或者无偿实施。

项目承担者因实施本条第一款规定的知识产权所产生的利益分配，依照有关法律、行政法规的规定执行；法律、行政法规没有规定的，按照约定执行。"

[3] 肖茂严、万青云：《在高等学校中组建技术转移中心势在必行》，载《科技进步与对策》2001 年第 9 期。

[4] 工红茹：《中国高校无缘国际专利公布量高校 50 强》，载《中国经济周刊》2011 年第 46 期。

2. 小企业创新促进系列法

除了《杜拜法案》，美国国会还通过一系列的小企业创新促进法从财税、融资、技术、配套服务等方面提供小企业以便利，帮助小企业创新发展。其设立了如白宫总统中小企业会议、参众院中小企业委员会、联邦中小企业管理局等专门机构，并先后出台了包括《小企业法》《小企业经济政策法》《小企业投资改进法》《小企业出口扩大法》《小企业技术创新开发法》《小企业发明推广法》和《加强小企业研究与发展法》等50多部法律，以扶持小企业发展。从技术促进的角度来看，如《小企业技术创新法案》规定，凡是研发经费超过1亿美元的项目，有关管理部门需要拿出其中的13%，向小企业创新计划提供研发资金；而"中小企业创业研究基金"则规定，美国国家科学基金会与国家研究发展经费的10%资金，要用于支援小企业的技术创新。

除了上文所说的本体制度之外，美国与专利激励相关的行政管理制度还包括：从财税制度上减少企业新投资的税收、降低所得税率或不缴纳所得税，加速折旧、实行科技税收优惠，对企业科研或者实验费用进行抵免，减少小型高科技企业地方税等，或从融资制度上通过小企业管理局、银行、投资公司等机构，建立包括纳斯达克股票市场（NASDAQ）、"小企业投资公司计划""三套小企业信用担保体系"等机制，为企业提供所需的资金。从专利激励的配套制度来看，美国几乎没有相关制度，其更多集中在建立小企业职工退休金计划、建设工业园区和开发区、发展网上信息咨询服务、组建小企业发展中心等。

二、欧洲专利促进制度

从激励角度观察欧洲专利促进机制，欧洲的专利激励制度平平无奇。但从专利运用角度谈专利促进，欧洲的知识产权证券化却颇具特色，特别是2008年金融危机之后增速虽然有所放缓，但仍保持增长态势。在专利权方面，主要集中在医药类和汽车类专利上。欧洲公司将专利视为可获利资产而不是成本，以此导致专利数量急剧增加，转化率提升，与电影、音乐、体育共同构成知识产权证券化的重要内容。

知识产权证券化，是指证券发起人（金融机构）将具有可预期收益的多个知识产权打包，先利用保险业等将风险分离，再将收益转移到特设载体（SPV）上，由特设载体发行可流通的权利凭证进行融资的过程。这个过程有几个关键点，首先是需要有特设载体的运作以产生现金流；其次是多个专利打包，以减轻单一知识产权的风险；最后是保险业的加持，以调高该权利凭证的信用等级。欧洲知识产权证券化公司对此不仅有充足的经验，还有完善的体系和分工，如投资银行、资信评级机构、保险公司、专业服务人员、受托人等。

专利的证券化可以简化为四个环节。首先是专利的转让集中，即有特设载体将专利权以收购的方式进行集中，获得基础资产，同时原专利权人获得一笔融资。其次是信用提升，即特设载体通过将专利权进行重组，设立资金池，进行风险对冲，降低资产包的风险水平，进行信用增级，使其达到发行水平。再次是证券发行。特设机构通过聘请担保公司和评估机构对证券进行评级，提升证券的信用度之后，对证券发行进行设计，根据市场目标和特点，选择私募或公募的方式进行发行，必要时需要聘请承销商。最后是发行后管理。包括对知识产权的维护和管理，防止知识产权价值逸失，维护各方利益；对证券有关的财务权益的维护，包括指定托管（一般为当地较大的商业银行），以及收取许可费，发放红利等。

上述整个工作由主服务商、协助服务商、特别服务商共同完成。其中值得一提的是特别服务商，主要承担基础资产风险的管控。对于异常资产，特别服务商有权采取必要措施来维护发行人以及证券持有人的利益。正是由于特别服务商的保障作用，才使得买卖各方没有后顾之忧，专利证券化工作能够顺利开展，从而极大地提升了专利的转化率。

三、日本专利促进制度

从激励角度而言，日本专利促进制度的特点在于其因时而变，在其技术较弱的部分呈现默许侵权的状况，纵容国内企业进行模仿学习；在其较强处则呈现强保护的状态，严防不劳而获的侵权行为。加之日本大力扩张专利保护范围，使得更多新科技纳入其保护范围，并通过行政手段适当减轻专利申请人的负担。观察日本专利促进制度，其前半部分与我国前些年情况相仿，后半部分可能是我国未来发展的方向，具有非常高的借鉴价值。

（一）因时而变的专利保护政策

作为"二战"战败国，经历了盟军的封锁和轰炸，日本在"二战"后百物萧条，劳动力缺乏，科技及经济发展相当落后。由于当时欧美等先进国家的企业更倾向于利用资金和技术来获得利益，从知识产权方面的获利比例尚未上升到经济生活的主要地位，加上朝鲜战争等急需日本提供帮助等因素，日本获得了一个"天赐良机"，其对知识产权侵犯采取放纵的态度，纵容本国企业进行假冒和仿制，得益于战前良好的教育水平和廉价的劳动力，日本企业遂得以迅速生产出一批高质量的产品，推动本国经济繁荣。

为了保持"仿冒"经济持续发展，日本政府想方设法制造各种"障碍"让专利制度"失灵"，如故意使得专利审查人员不足，致使有时专利授权需要 6～7 年；或规定专利在授权前需要强制公示，并允许竞争者通过反复异议拖延时间；或减少专利权利要求数量至一个专利只有一个权利要求，并对权利进行缩减解释；或是通过批量"垃圾"专利，并允许本国企业利用"垃圾"专利进行反诉以图和解；或是缩短专利保护期限，使得专利刚授权便面临失效等手段，削弱专利的作用。在这段时间，日本的专利保护力度较弱，其试图通过一种积弊日深的弱保护制度来为技术仿冒放行，为仿冒西方先进技术提供便利，或美其名曰采用"鼓励技术扩散的知识产权公共政策"。

随着美国国内对知识产权概念重视程度的升级，跨国贸易中知识产权价值成分提升，知识产权保护也得到了国际上的完全认可，日本面临的压力迅速上升，不得不放弃之前的弱保护制度。1994 年，日本被迫修改《日本专利法》，并在随后几年不断加强了知识产权保护，2002 年，日本已经迈进了知识产权强保护国家的行列。

然而日本所谓的"强保护"也是相当务实的，具体表现在国内与国际标准不同，不同行业标准不同上。具体说来，首先，由于日本已经是高度工业化国家，其专利技术程度较高，同时日本又是一个出口国家，因此在国内专利保护上，其采用强保护的制度，而在出口方面，其又坚决反对美国的特别 301 条款、337 条款等强保护条款。其次，日本的制造业技术较高，故一般采用强保护制度，但涉及自身计算机软件水平并不高，因此对计算机软件知识产权的保护力度便随之下降，致使其落入美国知识产权盗版"观察名单"。最后，日本的动漫创意产业技术高，因此其外观专利的保护力度便提升到与发明相同的程度，外观设计专利保护期竟长达 20 年。

总的来说，日本的专利保护制度相当务实，其牢牢把握住本国的实际情况，并随时根据本国利益调整保护制度，以推动本国政治、经济、技术、文化和社会的发展。在 1994 年之前，对应弱的技术水平，日本采用弱保护制度；在 2002 年之后，对应领先世界的技术水平，则采用了可以说是世界上最严厉的保护制度，并将侵犯专利权纳入刑法的保护范围，以充分保护本国的科技创新发展。

（二）"内生性"激励为主的促进政策

进入 21 世纪，日本的专利保护力度不断强化，在"内生性"激励层面进行强化，同时，"外生性"激励层面则通过减少费用，增加专利申请人的积极性，具体表现为以下几个方面。

第一，专利保护范围不断扩大，保护力度不断加强。首先，在《日本知识产权战略大纲》（2002）中，日本的专利保护范围扩大至人类基因、再生医疗、遗传基因治疗技术、皮肤培养等新技术领域，其专利保护范围已经大于中国，且在立法机构的推动下，目前呈现扩展的趋势。其次，通过加强专利保护，将专利权纳入刑法保护范畴，以使得发明人利益得到强有力的保护。最后，设立知识产权法院，将涉及技术性的侵犯发明专利权和实用新型专利权诉讼案件交由东京和大阪两处知识产权法院审理，提高审理效率。

第二，积极参加国际条约。日本在1899年加入《巴黎公约》；在1975年加入世界知识产权组织（WIPO）；其在《日本知识产权战略大纲》（2002）中，提出要切实履行《与贸易有关的知识产权协议》所规定的义务；在2006年签署了《同知识产权的盗版行为和仿冒行为作斗争》等协议，将知识产权保护提高至与西方先进国家同一水平。

第三，采用适当促进及激励措施。与中国类似，日本专利激励制度同样存在"外生性"激励层面，如通过降低申请费和年费的方式激励发明人进行专利申请等。但与中国相比较，其激励的范围、种类、力度均有所不同，特别是对于专利申请奖励、授权奖励、专利评奖、发明人奖励等方面，日本近年来几乎一片空白。日本的"外生性"激励层面的缺位，表明日本无意依靠行政力量来对专利进行激励，从其保护力度加强的角度，其更属意于利用市场力量进行激励。

四、经验借鉴

从专利激励制度而言，专利促进是对提升专利数量行为最直接的激励，目标最为直接且激励花样繁多。如前文所述，我国在专利促进方面的激励主要来源于行政层面，如从专利申请费用减缓、政府各种奖励到职称评定加分、居民落户加分、服刑人员减刑加分、学校招生加分、企业资质认定等，无不来源于专利管理部门的激励，且直接针对专利申请和专利授权的行为而来，主要注重数量而非质量。从激励层面观察，这些激励多为"外生性"激励，激励方式非常直接，着重点在专利申请人的主观能动性上。

反观美国、欧洲、日本等国家和地区，其专利促进层面上的直接激励非常罕见。究其原因，首先，美国、欧洲、日本等国家和地区多采用"大市场，小政府"的管理策略，以市场调节为主，极少见到政府进行干预，而且政府也不一定有多余预算可以进行各种资助激励行为。其次，美国、欧洲、日本等国家和地区更注重为企业提供更好的竞争环境，而不在专利的申请行为上：如美国重视的是提高专利保护在法律体系中的位置，更好地将专利权交给能够创造社会价值的人，为创业者提供更好资金环境；而欧洲重视的是如何将知识产权及时进行运用并从中获得利益；日本重视为中小企业创造较为宽松的科技追赶条件，并在企业有所创新时及时给予充分的保护。最后，美国、欧洲、日本等国家和地区有良好的辅助环境，能够给专利申请人提供足够的激励，这些都是通过市场手段而不是行政手段进行推动的。

我国在专利促进激励维度上的促进应当遵循以市场为主的原则。首先要确立专利保护在我国法律体系中的地位，同时尽量减少政府的干预，尤其是政府直接针对专利申请行为的激励。如停止在授权维度上的"外生性"激励，保持在申请费用上的负激励；削弱各种行政专利促进行为，建立有助于促进创新的环境，为中小企业研发提供资金，让专利申请及授权行为在市场上而不是从政府手中获得奖励。政府应当将激励重心放在为企业的发明创造提供更好的保护环境上。

第三节　专利保护维度

一、美国专利保护制度

尽管从激励的层次而言，专利的行政保护属于"外生性"激励，司法保护属于"内生性"激励，二者有所不同；但从效果而言，专利的司法保护涉及专利制度的核心，是专利之所以能"专"的保证，而行政保护则为之锦上添花，使其"专"得更加便捷，二者共同构成专利制度中最有力、最本源的激励。从激励的角度而言，美国的专利保护制度呈现出非常强烈的保护专利权人的倾向，无论从司法还是行政层面，对任何侵犯知识产权的行为都准备予以惩罚，并设计了一整套的惩罚方法和证据制度。在对专利权人进行强（正）激励的同时对侵权行为施以强负激励，这是与美国世界领先的科技水平相适应的。

（一）美国行政保护体系借鉴

司法保护在美国专利保护体系中占据重要的地位。美国联邦法院、巡回法院及相关地区法院、检察院是主要的司法保护机构。然而，专利行政保护体系也是其重要组成部分：除了联邦专利与商标局这个专利行政管理部门外，还有美国海关、国际贸易委员会等兼有专利执法功能的部门。[1]

1. 美国海关

美国联邦政府在 200 多年前就设立了海关，其最初的功能在于收税，隶属于联邦财政部，逐渐发展出进出口调控、数据收集、反走私、保税仓、运输等功能。在"9·11"之后，根据《美国国土安全法》（2002），成立了国土安全部，并将海关纳入国土安全部管辖，成立海关与边境保护局，下面增设了移民局、农业检疫局和海岸警卫队等机构，新增了移民、动植物检疫、边境巡逻等业务。

知识产权边境保护是美国海关与边境保护局的重要任务之一，其与缉捕非法入境者、查禁毒品及其他违禁品、保护农业及经济利益免遭有害动植物和疾病的侵害，规范与便利国际贸易，征收进口关税，执行美国贸易法律等重要任务并列。在一个以司法保护为主要形式的国家，非常积极主动地运用行政力量保护知识产权，这足以说明美国对知识产权的重视程度。从权利范围而言，美国海关有权对是否构成商标或版权问题作出实质性的决定，但是无权对专利问题作出实质性决定，除专利之外，美国海关对所有的知识产权都可以主动积极地介入，无论是依权利人申请还是依职权在例行检查中发现。

---

[1] 武善学：《论我国专利权行政保护制度的完善》，载《内蒙古农业大学学报（社会科学版）》2010 年第 2 期。

2. 国际贸易委员会

国际贸易委员会❶（ITC）隶属于美国国会，是维护美国市场经济环境、反不正当竞争行为的准司法机构。国际贸易委员会主要通过337条款对市场知识产权冲突进行干预，并有权对337条款作出终局判决。与联邦法院比较，ITC具有两大优势，一是ITC的管辖权涵盖全国，其普通禁止令可以在全国范围内禁止侵权产品的进口，而联邦法院需要原告提供证据，证明侵权行为严重性已经达到"最低抵触"的要求，从而让对应法院受理该案件。二是其快捷便利性，一般ITC在一年到一年半内便可作出最终裁决，而联邦法院则通常需要二年至三年甚至更长时间。

作为TRIPS协议的成员，美国执行标准的力度甚至超越了TRIPS协议的要求，其背后的原因在于：美国是世界上科技最为先进的国家，其知识产权经济尤为发达，众多的知识产权不但是世界上最大的侵权目标，也是最具有侵权价值的目标，这些侵害严重地损减了美国知识产权人和国家的利益，执行严厉的保护政策显然有助于降低侵权的程度，因此美国知识产权保护的基本原则是公权积极介入原则。

（二）美国司法保护体系借鉴——侵权案件的惩罚性赔偿原则

从自身立场出发，美国作为世界知识产权强国，对知识产权的保护制度是世界上最强有力的。美国对专利侵权行为的处罚具有以下特点：一是重视发明人权益，鉴于美国自身强大的发明创新能力，对发明人权益的强力保护显然有利于美国的利益；二是积极采用刑事处罚手段，扩大处罚范围，如将非专利产品冒充专利产品，在美国将被视为犯罪；三是采用惩罚性赔偿制度，美国立法者相信，严厉的处罚可以抑制知识产权侵权行为的泛滥。为此，美国对专利侵权行为的处罚极其严厉，并采用包括贸易惩罚在内的各种手段迫使世界各国跟随。

---

❶　美国联邦贸易委员会主要从反垄断的角度对专利权的滥用进行规制，并为相关执法活动作出指引，其与美国商务部一道，于1995年发布《知识产权许可的反垄断指南》、2007年发布《反垄断执法与知识产权：促进创新与竞争》报告。

惩罚性赔偿（Punitive Damages），亦称报复性赔偿，主要指法院所判决的赔偿数额超出实际损害数额的赔偿，具有加重赔偿的性质。其目的在于对侵权行为形成有力震慑，故而在对侵权人过去故意的侵权行为给权利人造成的损失进行填平补偿之外，附加额外的赔偿作为处罚。美国于1784年的 Genay Vs Norris 案中最早确认这一制度。

惩罚性赔偿在填平性赔偿之外，额外地加重了赔偿。其主要由补偿性赔偿和惩罚性赔偿两部分组成。考虑到各种风险如侵权被诉的几率和权利人诉讼的机会成本等，惩罚性赔偿除了具有一般赔偿损失的功能外，还具有其他特殊的功能，主要体现在两个方面：一是对受害人的超损失赔偿功能；二是对不法行为人的惩罚、遏制功能。❶

根据《美国专利法》第284条的规定，法院应该判给请求人赔偿金，无论该金额是由陪审人员还是法院决定的，法院都可将损害赔偿额增加至最多三倍❷，这一表述被认为是为侵犯专利权行为确立了惩罚性赔偿制度。惩罚性赔偿主要是针对恶意侵权行为的，通常是在侵权人的行为出于"公然地、显然地不顾专利权人的权利"时适用。对于恶意程度轻重对应赔偿金额的认定，联邦上诉法院提出了"恣意侵权"的概念（介于被告"未尽适当注意的积极义务"和"客观上之轻率"之间），即当侵权人的行为构成恣意侵权时，法院可以提高赔偿数额。❸

---

❶ 杨辉：《完善消费者权益保护法中惩罚性赔偿的思考》，载《世界标准化与质量管理》2008年第3期。

❷ 现行《美国专利法》第284条规定："法院在作出有利于请求人的裁决后，应该判给请求人足以补偿所受侵害的赔偿金，无论如何，不得少于侵害人使用该项发明的合理使用费，以及法院所制定的利息和诉讼费用。陪审人员没有决定损害赔偿金时，法院应该估定之。不论由陪审人员还是由法院决定，法院都可以将损害赔偿金额增加到原决定或估定的数额的三倍。法院可以接受专家的证词以协助决定损害赔偿金或根据情况应该是合理的使用费。"资料来源：百度文库，访问网址：https：//wenku.baidu.com/view/38df862ced630b1c59eeb533.html，访问时间：2017年6月22日。

❸ 谢黎伟：《美国专利侵权赔偿制度的变革和启示》，载《齐齐哈尔大学学报（哲学社会科学版）》2012年第4期。

（三）美国民事证据开示制度

证据开示（discovery）制度也称发现证据制度，主要指在民事诉讼的审前程序中，一方当事人可以要求另一方当事人出示有关证据。1938 年的《美国联邦民事诉讼规则》（以下简称《诉讼规则》）首次确立了证据开示制度，之后随着《诉讼规则》在 1980 年、1983 年和 1993 年的三次修改，证据开示制度也在逐步完善之中。❶

在证据开示的范围上，依《诉讼规则》第 26 条第 2 款第（1）项之规定，证据开示范围主要包括除保密特权以外的任何与系属诉讼标的相关的事项。❷ 可见，关于证据开示范围的规定采取的并非限定法或列举法，而主要通过排除法的方式加以限定。依此规定，凡与案件有关的证据都需披露，但披露的范围也并非漫无边际，在特殊情形下，关于律师和委托人的保密和夫妻保密等事项，证据披露得到了一定的限制。

在证据开示方法上，依《诉讼规则》第 26 条第 1 款之规定，发现和收集证据的方法主要包括：笔录证言、质问书、书证和物证的提供、自认、身体和精神状态的核查。上述几种方法中，由于身体和精神状态的检查牵涉健康权、隐私权等人身权利，故该种方法的运作须经法院允许方可进行，除该种方法外，其他几种证据开示方法则无须经法院许可，可由当事人及其律师基于需要自行进行❸。

在违反相关程序的责任上，为防止诉讼过程中的程序性滥用或消极抵制，对一方当事人无正当理由不履行证据开示义务、拒绝对方当事人发现要求以及不服从法院命令等情形，《诉讼规则》规定了相应的程序性责任。与此同时，对严重的程序性滥用行为还规定了包括但不限于藐视法庭罪在

---

❶　廖中洪：《民事证据发现制度比较研究》，载《河南省政法管理干部学院学报》2004 年第 5 期。

❷　王晓宇：《试论我国民事证据交换制度的完善》，载《中共四川省委党校学报》2007 年第 1 期。

❸　廖中洪：《论中国民事证据发现制度的构建：一个比较法视角的思考》，载《金陵法律评论》2004 年第 2 期。

内的诸多法律责任，在处罚种类上，包括自动制裁、强制制裁和法院制裁。❶

自动制裁主要指当事人无正当理由违反出示义务的，对于没有出示的证言及其证据资料，则在法庭审理阶段将不被允许使用，该条款常被用于对证据突袭的反制。❷ 除此之外，一方当事人还可要求对方支付因其不作为而支出的合理费用（如律师费用等），并可向陪审团告知该当事人违反了相关的证据出示义务，从而对判决产生一定的影响。

强制制裁主要指庭外证人未按照《诉讼规则》第30条、第31条等相关条款回答问题、进行相关行为，从而一方当事人向法院申请强制答复或指定命令。❸ 其主要用于迫使庭外证人主动提供证据，或为当事人提供条件，以帮助其获得必要的资料和信息。

法院制裁主要针对证据开示程序中一方当事人不服从法院命令而对其给予相关的制裁。这种制裁包括藐视法庭罪和其他制裁两种类型。

1. 藐视法庭罪

对于诉讼过程中影响法院权威或者故意妨碍法院司法审判行为，法庭可以判处该当事人以藐视法庭罪，这是一种对该行为最为严厉的制裁措施。藐视法庭罪可分为两种类型：一种是类似于间接强制手段性质的民事

---

❶ 廖中洪：《论中国民事证据发现制度的构建：一个比较法视角的思考》，载《金陵法律评论》2004年第2期。

❷ 《美国联邦民事诉讼规则》第37条第1款（A）项规定："当事人无充分理由不按本规则第26条相关规定进行证据出示，除非该种不作为并不会对他人造成有害，否则未经出示的证人或信息在之后的诸如开庭审理、听审或申请等诉讼程序中将不能被当作证据使用。"参见白绿铉、卞建林：《美国联邦民事诉讼规则证据规则》，中国法制出版社2000年版，第50页。

❸ 《美国联邦民事诉讼规则》第37条第1款（B）项规定："如果一个庭外证人不能回答依本规则第30条、第31条规定提出或呈交的问题，或者一个公司或其他实体不能依照本规则第30条第2款（6）项或第31条第1款作出指定，或当事人不能答复根据本规则第34条规定而提交的质问书，或对依据本规则第34条规定而提交的调查要求应予回答的当事人未能按要求对同意调查予以答复或没有按要求同意调查时，发现方当事人可以申请强制答复或申请指定的命令或根据要求强制进行调查的命令。申请必须证明申请人已真诚地与不能进行发现的人或当事人协商或已试图协商的努力在诉讼外法院不参与的情况下获取信息或资料。以口头询问进行庭外取证时，进行询问的人可以在申请命令之前完成调查或暂时中止调查。"参见白绿铉、卞建林：《美国联邦民事诉讼规则证据规则》，中国法制出版社2000年版，第75页。

藐视法庭罪（civil contempt of court）；另一种是类似于刑事制裁措施的藐视法庭罪（criminal contempt）。在处罚手段上，主要包括拘留和罚金❶。

2. 不服从法院命令的其他制裁

根据《诉讼规则》第 37 条第 2 款之规定，不服从法院命令的制裁措施有如下几种。

（1）法院对申请人所主张的相关事实视为真实加以采信;❷

（2）禁止对抗和禁止提出相关证据;❸

（3）驳回诉讼或缺席判决;❹

（4）责令违反一方支付不作为费用。❺

《诉讼规则》充分考虑到了诉讼的对抗性以及当事人的程序保障，对违反证据开示义务的行为不仅规定了诸多制裁手段，更从证明责任、证据抗辩和诉讼费用等方面进行了科学的制度设计。其作为美国民事诉讼程序中的一项重要制度，已经有近 80 年的使用历史，其在帮助当事人收集证据，查清案件事实等方面发挥着重要作用。❻

---

❶　廖中洪：《民事证据发现制度比较研究》，载《河南省政法管理干部学院学报》2004 年第 5 期。

❷　《美国联邦民事诉讼规则》第 37 条第 2 款（2）项（A）规定："与命令有关事项或其他指定的事实，应按照获得命令的当事人所宣称的诉讼目的，而视为予以证实。"参见白绿铉、卞建林：《美国联邦民事诉讼规则证据规则》，中国法制出版社 2000 年版，第 73 页。

❸　《美国联邦民事诉讼规则》第 37 条第 2 款（2）项（B）规定："对于不服从命令的当事人不允许其对被指出的请求或抗辩进行证实或对抗，或者禁止该当事人对被指定的事物作为证据提出。"参见白绿铉、卞建林：《美国联邦民事诉讼规则证据规则》，中国法制出版社 2000 年版，第 74 页。

❹　《美国联邦民事诉讼规则》第 37 条第 2 款（2）项（C）规定："取消诉答文书或其中一部分，或者在服从命令之前停止以后的诉讼程序，或者撤销诉讼或诉讼程序或者其一部分，或者对不服从命令的当事人作出败诉的缺席判决。"参见白绿铉、卞建林：《美国联邦民事诉讼规则证据规则》，中国法制出版社 2000 年版，第 75 页。

❺　《美国联邦民事诉讼规则》第 37 条第 2 款（2）项（E）规定："作为对任何上述命令的代替或追加制裁，法院应要求不服从命令的当事人或为当事人提供咨询的律师或他们两者交付合理的因不作为而支付的费用，包括律师费。但是，法院认为不作为是被证明有充足的理由或因其他情况交付费用判决不公正的，则不在此限。"参见白绿铉、卞建林：《美国联邦民事诉讼规则证据规则》，中国法制出版社 2000 年版，第 76 页。

❻　杜微科：《美国专利审判相关情况介绍及若干思考》，载《电子知识产权》2011 年第 9 期。

二、日本专利保护制度

从激励角度而言，日本曾一度使用专利低保护（弱激励）方式以纵容本国企业模仿。但随着本国科技发展和美国施加的压力，日本专利保护力度迅速加强，至今已经转为强激励的模式。日本专利保护制度主要表现为"内生性"激励模式，缺少美国模式强行政手段和中国模式便捷行政手段之类的"外生性"激励。为了加强专利激励力度，日本不仅采用了专利侵权刑事处罚制度，还创造出其特有的专利侵权损害赔偿制度，改变损失赔偿推算方式与举证责任方式，加大了专利保护维度的激励力度。

（一）日本专利侵权刑事处罚制度

日本专利权的保护非常有力，对专利权人（正）激励强度很高。侵权人一旦被判侵权，面临的经济损失最少有两方面，不但要对专利权人进行赔偿，还要遭受经济罚款，甚至可能要遭受一定时间的刑罚，因此对侵权人的负激励强度也很高。赔偿方面除了采用与美国相类似的惩罚性赔偿制度外，还对专利侵权的举证责任进行精心设计（见日本专利侵权损害赔偿计算制度），罚款和刑事责任则依照《日本专利法》《日本实用新型法》和《日本外观设计法》。除了有罚款、刑事处罚之外，还有双罚制度，即如果是属于企业的侵权行为，则对企业和个人二者同时作出处罚。

如前文所述，日本对专利侵权行为设置了刑事处罚制度。且根据发明专利、实用新型专利、外观设计专利的"技术高度"的差异有不同的处罚强度。发明专利的技术性较高，处罚强度也较强。根据《日本专利法》的规定，他人未经专利权人许可，非法以实施专利发明为职业的行为将构成对专利权的侵害，行为人要承担民事和刑事责任。《日本专利法》第196条第1款规定，对侵害专利权或者专利独占实施权的人，单处或并处10年以下徒刑、1000 万日元以下罚金。❶ 再以对企业及行为人进行双重处罚的规定为例，如果是企业犯该条规定的侵害罪的，则最高处以 3 亿日元的罚金。❷ 而对比发明专利，由于实用新型专利的技术性较低，因此处罚强度也较低，根据《日本实用新型法》第 56 条的规定，侵害实用新型专利权或独占实施权的人，单处或并处 5 年以下徒刑或 500 万日元以下的罚金❸，与间接侵犯发明权或外观专利权的处罚相当。如果属于双重处罚企业和行为人的情况，企业犯侵害实用新型专利权罪的，最高处以 3 亿日元的罚金。❹ 对于外观专利权的保护，日本采用与发明专利相当的处罚强度，对侵犯外观专利权或外观专利独占实施权的人，单处或并处 10 年以下徒刑、1000 万日元以下罚金❺，且对于企业侵犯外观专利权的行为，同样采取双

---

❶ 《日本特許法》第 196 条第 1 款：特許権又は専用実施権を侵害した者（第百一条の規定により特許権又は専用実施権を侵害する行為とみなされる行為を行つた者を除く。）は、十年以下の懲役若しくは千万円以下の罰金に処し、又はこれを併科する。来源：日本特许厅，访问网址：http：//www. meti. go. jp/intro/law/index_tokkyo. html，访问时间：2017 年 6 月 14 日。

❷ 《日本特許法》第 201 条第 1 款：法人の代表者又は法人若しくは人の代理人、使用人その他の従業者が、その法人又は人の業務に関し、次の各号に掲げる規定の違反行為をしたときは、行為者を罰するほか、その法人に対して当該各号で定める罰金刑を、その人に対して各本条の罰金刑を科する。一、第百九十六条、第百九十六条の二又は前条第一項：三億円以下の罰金刑。二、第百九十七条又は第百九十八条：一億円以下の罰金刑。来源：日本特许厅，访问网址：http：//www. meti. go. jp/intro/law/index_tokkyo. html，访问时间：2017 年 6 月 14 日。

❸ 《日本实用新型法》第 56 条：実用新案権又は専用実施権を侵害した者は、五年以下の懲役若しくは五百万円以下の罰金に処し、又はこれを併科する。来源：日本特许厅，访问网址：http：//www. meti. go. jp/intro/law/index_tokkyo. html，访问时间：2017 年 6 月 14 日。

❹ 《日本实用新型法》第 61 条：法人の代表者又は法人若しくは人の代理人、使用人その他の従業者が、その法人又は人の業務に関し、次の各号に掲げる規定の違反行為をしたときは、行為者を罰するほか、その法人に対して当該各号で定める罰金刑を、その人に対して各本条の罰金刑を科する。一、第五十六条又は前条第一項：三億円以下の罰金刑；二、第五十七条又は第五十八条：三千万円以下の罰金刑。来源：日本特许厅，访问网址：http：//www. meti. go. jp/intro/law/index_tokkyo. html，访问时间：2017 年 6 月 14 日。

❺ 《日本外观专利法》第 69 条：意匠権又は専用実施権を侵害した者（第三十八条の規定により意匠権又は専用実施権を侵害する行為とみなされる行為を行つた者を除く。）は、十年以下の懲役若しくは千万円以下の罰金に処し、又はこれを併科する。来源：日本特许厅，访问网址：http：//law. e - gov. go. jp/cgi - bin/idxselect. cgi？IDX _OPT = 1&H _NAME = ％88％ D3％ 8f％ A0％96@ &H_NAME_YOMI = ％82％ A0&H_NO_GENGO = H&H_NO_YEAR = &H_NO_TYPE = 2&H_ NO_NO = &H_FILE_NAME = S34HO125&H_RYAKU = 1&H_CTG = 1&H_YOMI_GUN = 1&H_CTG_ GUN = 1，访问时间：2017 年 6 月 14 日。

重处罚。❶

(二) 日本专利侵权损害赔偿计算制度

总体看来，日本专利保护制度与我国相似，唯其专利侵权损害赔偿计算制度颇有特色。根据《日本专利法》第 102 条，日本的专利侵权赔偿计算种类也分为四个，分别是依专利权人损失利益计算、侵权人非法获得利益计算、专利实施费计算和法定范围内的法官酌定❷，这点与我国相同，但在诉讼过程中举证存在困难时，损失赔偿推算方式与举证责任和我国存在明显不同。

---

❶ 《日本外观专利法》第 74 条：法人の代表者又は法人若しくは人の代理人、使用人その他の従業者が、その法人又は人の業務に関し、次の各号に掲げる規定の違反行為をしたときは、行為者を罰するほか、その法人に対して当該各号で定める罰金刑を、その人に対して各本条の罰金刑を科する。来源：日本特許厅，访问网址：http：//law. e - gov. go. jp/cgi - bin/idxselect. cgi? IDX_OPT = 1&H_NAME = %88%D3%8f%A0%96@ &H_NAME_YOMI = %82%A0&H_NO_GENGO = H&H_NO_YEAR = &H_NO_TYPE = 2&H_NO_NO = &H_FILE_NAME = S34HO125&H_RYAKU = 1&H_CTG = 1&H_YOMI_GUN = 1&H_CTG_GUN = 1，访问时间：2017 年 6 月 14 日。

❷ 《日本特許法》第 102 条：特許権者又は専用実施権者が故意又は過失により自己の特許権又は専用実施権を侵害した者に対しその侵害により自己が受けた損害の賠償を請求する場合において、その者がその侵害の行為を組成した物を譲渡したときは、その譲渡した物の数量（以下この項において「譲渡数量」という。）に、特許権者又は専用実施権者がその侵害の行為がなければ販売することができた物の単位数量当たりの利益の額を乗じて得た額を、特許権者又は専用実施権者の実施の能力に応じた額を超えない限度において、特許権者又は専用実施権者が受けた損害の額とすることができる。ただし、譲渡数量の全部又は一部に相当する数量を特許権者又は専用実施権者が販売することができないとする事情があるときは、当該事情に相当する数量に応じた額を控除するものとする。2. 特許権者又は専用実施権者が故意又は過失により自己の特許権又は専用実施権を侵害した者に対しその侵害により自己が受けた損害の賠償を請求する場合において、その者がその侵害の行為により利益を受けているときは、その利益の額は、特許権者又は専用実施権者が受けた損害の額と推定する。3. 特許権者又は専用実施権者は、故意又は過失により自己の特許権又は専用実施権を侵害した者に対し、その特許発明の実施に対し受けるべき金銭の額に相当する額の金銭を、自己が受けた損害の額としてその賠償を請求することができる。4. 前項の規定は、同項に規定する金額を超える損害の賠償の請求を妨げない。この場合において、特許権又は専用実施権を侵害した者に故意又は重大な過失がなかつたときは、裁判所は、損害の賠償の額を定めるについて、これを参酌することができる。来源：日本特許厅，访问网址：http：//www. meti. go. jp/intro/law/index_tokkyo. html，访问时间：2017 年 6 月 14 日。

1. 依专利权人损失利益的计算方式

依照我国的司法实践和"谁主张，谁举证"的原则，要证明专利权人损失利益，需要专利权人提出自身因为侵权行为而导致销售减少的数量，以及销售价格减损的证据，才能确实有效地证明专利权人的损失利益。而诉讼实务中，由于侵权人的不配合，专利产品销售数量的减少和价格减损是非常难以证明的，同样侵权行为与上述二者之间的关系也非常难以证明，因此专利权人的损失利益这一条款经常无法充分适用。

而根据《日本专利法》第 102 条第 1 款，日本对侵权损害赔偿额简化为等于销售减少数量乘以每件产品利润额之积（与专利权人实施能力所带来的预期利益的额度相适应），或是"边际利益"。以此条款为基础，专利权人举证的责任简化为：专利权人只要证明自己具有多大的生产能力，每一件产品利润若干；或者是自己的边际利益是多少便可。由于损害和销售量减少之间的因果关系不需要证明，大大地降低了专利权人的举证难度。当然，赔偿不应超过必要的限度，在实践中，证明不应超过必要限度的举证责任落到侵权人身上，侵权人可以通过举出专利权人生产力的局限、固定成本的上升、市场需求的限制，或是供给上升导致价格下落等证据，证明专利权的损失局限，法院将根据双方的证据作出判决。当然，证明不应超过必要限度的举证同样是相当困难的，故此，专利权人可以期待得到更好的赔偿。

2. 依侵权人非法获得利益的计算方式

侵权赔偿也可依侵权人非法获得利益进行计算，在日本司法实践中，原告需要提供证据证明以下三点：一是侵权事实，二是逸失利润，三是非法所得。之前日本的司法实践采用"纯利润通说"，原告举证存在较大困难，因此，逐渐为"边际利益说"所取代，即原告只需举证根据被告现有的生产规模和销售能力，甚至可以预测被告扩大经营或者雇佣员工而增加的销售量，再乘以利润（扣除制造侵权产品的必要费用之后，如有扩大经营时则需扣除必要新设备投资和员工雇佣费用等成本，可以获得的利润），以此通过边际利润推断出侵权的非法所得。至于实际上是否能够有如此大的销售量，则由被告方举证证明。同理，按照这种方式进行赔偿，侵权赔偿金额无疑会更高。

3. 依专利实施费的计算方式

依《日本专利法》第102条第3款，赔偿金同样可以采用专利实施费进行计算，这种计算方式多在专利权人并未实施专利时使用。诉讼过程中原告需证明侵权事实和实施费金额，不需要证明发生损失的金额。与我国司法实践类似，在举证许可费用的时候专利权人也可能有困难，对此日本一般采用销售额的一定比例作为许可费用，一般赔偿金额为销售额的10%[1]，最高可达到销售额的22%。

4. 依法官酌定的计算方式

与中国类似，在不排除上述各项计算方法，且侵权人无故意或重大过失的时候，可以由法官根据审查情况进行酌定赔偿金额，法官可以基于证据显示、辩论情况等，直接判定赔偿金额。[2]

日本专利侵权诉讼实践中的举证责任，专利权人只需举证侵权的事实，而市场销售方面的责任则划归侵权人一方举证，大大地降低了专利权人的证明责任。与我国相比较，日本专利法律的设计避免了专利权人单方面承担过多证明责任的弊端，侧重点更倾向于保护权利人而非侵权人。

三、我国台湾地区专利保护制度

从激励层面而言，我国台湾地区与日本类似，多采用"内生性"激励模式。从激励力度而言，其弱于美国、日本而强于我国大陆地区。激励力度强于我国大陆地区表现在其统一"智慧财产法院"的设立，审理时间的缩短，惩罚性赔偿制度，对滥诉的规制等方面；而弱于日本则表现在侵犯

---

[1] 石拔撰穀橄：东京地判昭和59.2.24判夕536号307页。

[2] 《日本特許法》第105条の三 特許権又は専用実施権の侵害に係る訴訟において、損害が生じたことが認められる場合において、損害額を立証するために必要な事実を立証することが当該事実の性質上極めて困難であるときは、裁判所は、口頭弁論の全趣旨及び証拠調べの結果に基づき、相当な損害額を認定することができる。来源：日本特許厅，访问网址：http://www.meti.go.jp/intro/law/index_tokkyo.html，访问时间：2017年6月14日。

专利权不涉及刑事处罚。总体而言，我国台湾地区采用的是重视司法保护，且保护力度中等的专利保护制度。

（一）我国台湾地区智慧财产法院制度

考虑到我国台湾地区知识产权案件数量不是太多，专业人才也相对匮乏，为了加快知识产权案件审理，更有力地保护知识产权，台湾地区设立了智慧财产法院，并对其充分授权，使其成为全台湾唯一可以受理刑事、民事、行政三种不同类别案件的法院。[1] 其首先通过技术审查官制度赋予法院专业技术的支持，再赋予其管辖权，利用案件集中管理的方式提高智慧财产法院的执法效率，更好理顺行政保护与司法保护之间的关系，实现智慧财产法院与地方法院的知识产权庭的审理平衡，更有利于知识产权保护合力的形成。

智慧财产法院管辖范围包括由其进行初审、二审的知识产权案件；由地方法院进行初审，上诉到智慧财产法院进行二审的案件；知识产权行政诉讼及强制执行案件；以及台湾地区司法管理机构指定由其审理的案件。[2] 值得注意的是，对于知识产权案件，即使一审在智慧财产法院审理，二审也同样在该法院审理，以此达到了知识产权案件集中管理的目的，加快了案件审理的速度。值得一提的是，智慧财产法院在审理案件过程中，不再需要等待对知识产权效力的行政判定，而能够对专利权的效力直接作出判断，必要时还可以将赔偿金额提高至三倍以下，这极大地提高了知识产权司法保护的力度和效率，树立起"智慧财产法院"的权威，迎合了强知识产权保护的国际趋势。

（二）技术审查官制度

为了帮助法官判断技术问题、收集技术资料、分析及提供技术意见，

---

[1] 来源：豆丁网，访问网址：http://www.docin.com/p - 1508929000.html，访问时间：2017年6月21日。

[2] 来源：豆丁网，访问网址：http://www. docin.com/p - 1508929000.html，访问时间：2017年6月21日。

并依法参与诉讼程序❶，智慧财产法院设立技术审查官制度，这些审查官往往由具有知识产权审查官、大学教师或者研究人员背景，且专业能力和司法实践能力较强的人士担任。

台湾地区智慧财产法院的技术审查官类似于大陆地区法院聘请的专家顾问，其判断结果可以为法官审理提供参考借鉴，但不能直接作为事实依据，当事人仍可以举证进行自我证明。法官如果认同技术审查官的观点，也不能将该陈述引为证据，或是将其作为审判依据，法官只能通过自己的自由心证对案件作出判断，再根据判断作出审判的结果。

（三）知识产权侵权诉讼程序不中止

依照大陆的法律，在专利侵权诉讼过程中，如果被告提起专利权无效程序，则由专利复审委员会发出一个受理函，法院在收到该受理函后会中止案件的审理，等待行政诉讼的结果再继续进行审理。在诉讼实践中，被告往往通过无效程序来拖延民事诉讼程序，以图作为谈判的筹码，在判决前获得更大利益。在某些条件下，诉讼中止还有可能变成循环诉讼，严重导致知识产权案件审判效率低下。

由于台湾地区智慧财产法院同时具备刑事、民事、行政三种类别案件审理的权力，且通过技术审查官制度获得了技术支持，因此所谓"智慧财产案件审理法"授予审判法官更大的权力，根据其第16条规定❷，在审理知识产权案件侵权程序中，遇到了对专利权稳定性质疑的抗辩，智慧财产法院可以根据抗辩理由自行判断，无须等待行政诉讼程序，不适用中止诉讼的规定。这一规定对防范恶意拖延起到了巨大的作用，大大提高了审判的效率。

---

❶ 来源：豆丁网，访问网址：http：//www.docin.com/p－1508929000.html，访问时间：2017年6月21日访问。

❷ 来源：豆丁网，访问网址：http：//www.docin.com/p－1508929000.html，访问时间：2017年6月21日。

（四） 专利侵权惩罚性赔偿制度

台湾地区专利侵权惩罚性赔偿制度的建立经历了一个漫长的发展阶段。1944 年最先确立的是填补原则，但随着国际贸易的增加和美国等先进西方发达国家对其压力的增大，我国台湾地区开始借鉴西方惩罚性赔偿制度，并对侵犯发明专利权的行为规定了不超过 2 倍的赔偿。2001 年又进一步将惩罚性赔偿制度扩大到外观设计专利和实用新型专利上，将赔偿上限统一提高至 3 倍。但 2011 年，相关部门认为这一条款违背了填补原则，又将惩罚性赔偿的条款删除。但到了 2013 年，相关部门又认为社会发展需要加强保护，且所谓"经济法规"和所谓"智慧财产法"已采用了惩罚性赔偿制度，故而又对该条款进行恢复。

与大陆地区相似，台湾地区的专利侵权赔偿金计算可以依三种方式，分别是逸失利益、非法获利和专家预算，法官可在这三种计算方式中择一而行。当然，如果涉及信誉的损失，则另外予以计算。另外，在侵权人故意的情况下，法官认为有必要时，可以酌情将赔偿提高至 3 倍以下。

四、经验借鉴

就专利制度的本质而言，专利保护维度的激励是最本源最有力的激励。所谓"公开换取保护"，就是说发明人申请专利并公开技术，就是由于专利能够受到保护。从这个角度而言，其意味着专利保护激励不是在专利契约交换基础上所施加的添头，而是其本身就与技术公开是等价的。从专利激励的层面而言，专利保护既有"外生性"，也有"内生性"，即专利的司法保护和行政保护。美国、日本、我国台湾地区以"内生性"激励为主，"外生性"激励为辅，这点与我国大陆地区类同。

综观美国、日本、我国台湾地区，其激励重点都在于如何确保专利权人能够真正享用到专利权，同时对侵权人作出强烈的负激励。在（正）激励方面，美国是激励力度最大的国家，首先，通过知识产权的宪法条款确保其专利权的全方位保护。其次，在司法保护上，通过证据开示制度确保侵权人无法逃避处罚，以及利用惩罚性赔偿确立的专利权保护力度，给予专利权人有力的保护。最后，在行政保护上通过美国海关和国际贸易委员会实现全方位知识产权保护，给予专利权人充分的（正）激励。在负激励方面，激励力度最大的国家是日本。作为第二梯队的发达国家，日本将专利侵权行为列入刑事处罚的范畴，采用罚金制度、惩罚性赔偿制度，并利用其特殊的举证制度，确保给予专利权人充分的保护，同时给予侵权人强烈的负激励。我国台湾地区的特点在于其快捷便利的保护方式，其通过智慧财产法院将所有涉及专利诉讼的案件进行集中，将刑事、民事、行政三种类别案件放在同一个法院进行审理，取消专利侵权诉讼中止制度，使得案件可以快速审理完毕，让专利权人实现快速维权。就一般发达国家或者地区而言，我国台湾地区的快速反馈机制使得专利权人在相同赔偿金额下，获得的激励力度更高，对侵权人的负激励更强。当然，美国、日本、我国台湾地区为了防止专利权滥用，也有一些预防措施如专利权评价制度、预先警告方可行使权力等规定，但总体而言，都是倾向于给予专利权更好的保护，从而为发明人提供更强的（正）激励，而对侵权人提供更强的负激励。

从法律博弈理论可知，打击力度越大，则侵权人更倾向于放弃侵权行为；反之则倾向于侵权。同理，对侵权人处罚越大，执法机关更加倾向于严格执法，最终确保专利权人能够真正享有知识产权，获得（正）激励，而侵权人得到强烈的负激励。我国在专利保护激励维度上的改进可以借鉴美国、日本和我国台湾地区的保护优先的方式。首先，鉴于专利相关法律法规错综复杂，应当有一个纲领性法律对知识产权加以规定，同时提升专利保护在我国法律体系中的地位。其次，应当给予知识产权充分和恰当的保护，因此应当加强发明专利的保护力度，设立实用新型专利差别保护制度。最后，引入有利于专利权人的赔偿计算举证方式，引入惩罚性赔偿制度，废除"诉讼中止"制度，以保证对专利权人充分的保护。

第五章　我国专利激励制度的改进路径

第一节　立法层面

一、提高专利立法法律层次

(一) 提高专利立法法律层次的必要性

从知识产权的法哲学理论可知，专利制度能促进科技传播，有效配置社会资源，具有正义和效率的价值追求。虽然专利权来源于劳动，其不论从人格论还是从劳动论而言，均是公民天生的权利，属于宪法保护的范畴，然而现实中，我国的宪法对知识产权的保护却付之阙如。

专利制度来源于民法、刑法、行政法、经济法等不同法律部门，而不同法律部门的相关价值追求各不相同。从效率的角度而言，制度的冲突必然导致激励效果的弱化。实践中对知识产权制度的价值引导以何者为优先，亟待一个更高位阶的法律制度加以规范。提升专利保护制度的法律位阶，能够更好地保护发明人的权益，并且保护公共利益，就是对发明创造最好的激励。

专利激励制度的改进应当寻找公权和私权的平衡点，并进行清晰分割，以激励发明人的创新热情，保证知识产权产品的产出。市场经济中，每个个体作为经济人，为追求最大利益而进行社会劳动，随意剥夺社会个体的权益，必然导致其主观能动性下降。我国宪法对知识产权保护的缺

159

失，使得利益冲突中专利权得不到兜底法律的保障，必然削弱公民对知识产品创造的积极性。

在宪法的规范下，专利的各项制度才能更好地厘清不同法律部门的价值目标，发挥保护专利权利、平衡各方利益、促进科技发展、社会经济进步的功能。宪法作为根本性规则，决定了宪法对于知识产权法而言是更为根本的制度安排，以此而论，知识产权的保护应该上升到宪法的层面以获得必要的保障。❶

通观我国宪法，虽然没有直接的知识产权条款，但是其中不乏相关条款，如我国《宪法》第 13 条❷对公民私有财产保护的规定；第 47 条❸对公民从事教育、科学、技术、文学、艺术和其他文化事业自由的规定；第 38 条❹对公民人格权的规定；第 42 条❺对公民劳动权和获得劳动报酬的规定等。虽然没有明确列出知识产权的内容，但在一定的前提下，也可以引申为知识产权的宪法保护条款。有学者认为，"要明晰知识产权在宪法权利体系中的地位，跳出'知识产权属私权'原则和保护模式的窠臼，将知识产权保护上升到宪法层面，为构建合目的性与合规律性知识产权保护制度奠定理论基石"❻。

---

❶ 冯婷：《刍议知识产权的宪法保护》，载《法制与经济（中旬刊）》2010 年第 6 期。

❷ 《宪法》第 13 条规定："公民的合法的私有财产不受侵犯。国家依照法律规定保护公民的私有财产权和继承权。国家为了公共利益的需要，可以依照法律规定对公民的私有财产实行征收或者征用并给予补偿。"

❸ 《宪法》第 47 条规定："中华人民共和国公民有进行科学研究、文学艺术创作和其他文化活动的自由。国家对于从事教育、科学、技术、文学、艺术和其他文化事业的公民的有益于人民的创造性工作，给以鼓励和帮助。"

❹ 《宪法》第 38 条规定："中华人民共和国公民的人格尊严不受侵犯。禁止用任何方法对公民进行侮辱、诽谤和诬告陷害。"

❺ 《宪法》第 42 条规定："中华人民共和国公民有劳动的权利和义务。国家通过各种途径，创造劳动就业条件，加强劳动保护，改善劳动条件，并在发展生产的基础上，提高劳动报酬和福利待遇。劳动是一切有劳动能力的公民的光荣职责。国有企业和城乡集体经济组织的劳动者都应当以国家主人翁的态度对待自己的劳动。国家提倡社会主义劳动竞赛，奖励劳动模范和先进工作者。国家提倡公民从事义务劳动。国家对就业前的公民进行必要的劳动就业训练。"

❻ 刘永：《宪法视野下的知识产权保护研究》，载《湖北民族学院学报（哲学社会科学版）》2013 年第 3 期。

借鉴美国的先进经验，正是通过将知识产权写入宪法，将宪法确立为知识产权保护的法律渊源，才推动了 200 多年的科技大发展，建立起世界第一的科技大国，牢牢占据了世界科技经济霸主地位。从制度改进而言，提高专利保护在法律体系中的地位同样是我国专利激励制度改进的重要基础，只有确立了宪法保护的基础，专利激励制度的设计才能正确计算统筹各方利益，最大程度发挥专利制度的作用；只有提升到宪法的高度，才有助于构建完整的专利保护体系。

（二）提高专利立法法律层次的具体建议

从专利激励的角度而言，宪法对公民知识产权保护的确认，奠定了我国专利激励的法律基础，必将极大促进我国知识产权战略的进程。从更高的角度而言，知识产权保护写入宪法不仅具有经济意义，更具有推动我国民主法治进步的作用，其对公民权利的确认和保护，也是我国保障基本人权的体现，有助于我国的民主法治建设。

细察我国宪法中可以引申为知识产权保护的条款，《宪法》第 13 条保护公民私有财产，从现行法律观察，私有财产不应当仅仅包括房屋、设备、现金等有形财产，也应当包括科学发明、改进现有技术、创作作品、注册及使用商品而获得的专利权、著作权和商标权，毫无疑问，知识产权本身是一种私人的财产权。《宪法》第 38 条保护公民的人格权，众所周知著作的人身权包含有著作权人对作品的发表权、署名权、修改权、保护作品完整权，从前文可知，不仅是著作权、专利权和商标权，电路布局等同样或多或少包含有创作者的人格权利，这些其他类别的知识产权同样应当受到保护。对"公民人格尊严不受侵犯"的规定，同样可以看作对知识产权人格权保障的一般性规定。《宪法》第 42 条保护公民劳动权和获得劳动报酬，劳动包括体力劳动和智力劳动，智力劳动的成果毫无疑问也是劳动成果，知识产权正是智力劳动成果的体现，保障公民劳动权和保障公民智力劳动成果，应当视为我国宪法对知识产权的隐含保护。《宪法》第 47 条保护公民的科学研究、文学艺术创作和其他文化活动的自由，明确规定了公民享有发明创造和技术改进、创作文学作品的权利，公民行使这些权利的成果也应当归属公民所有，第 47 条第 2 款"国家对于从事教育、科学、技术、文学、艺术和其他文化事业的公民的有益于人民的创造性工作，给以鼓励和帮助"，明确表达出国家对于这些成果的产生过程和结果持鼓励、支持态度，结合《宪法》第 42 条，隐含的意思已经引而待发。但也有学者认为，目前我国《宪法》并未有明确规定保护知识产权的字样，但是从很多条款都可以得出保护知识产权的结论，如《宪法》第 13 条规定"公民的合法的私有财产不受侵犯"等，但是这些规定还是很隐晦，知识产权的有力保护需要宪法的明文规定，这是我国宪法发展的方向之一。❶

综合看来，我国通过宪法保护知识产权主要有两种途径：第一，将知识产权设定为人权，将知识产权条款与言论自由一并纳入《宪法》中；第二，将知识产权设定为财产权，从而适用于《宪法》中"公民财产权不可侵犯"等条款。❷ 笔者以为可以在第 47 条中增加第 3 款，"国家保护公民、法人和其他组织的专利权、著作权和商标专用权"，以此明确规定对知识产权的保护。而落实知识产权的保护条款，又为专利激励制度改进确立了最本源的创造原则。

二、强化专利权的保护力度

（一）强化专利权保护力度的必要性

从专利激励角度而言，我国专利保护维度的激励力度小于其他类别的知识产权。换言之，我国法律制度对专利权的保护力度比对其他类别的知识产权保护力度弱。侵犯他人知识产权需要承担刑事责任的刑法条款，在我国《刑法》已得到明确规定。如 2017 年《刑法》第 213～220 条规定了对各类侵犯知识产权的处罚，特别是第 217 条规定了对侵犯著作权的刑事处罚，

---

❶ 王华芳：《知识产权的宪法保护》，载《温州大学学报（自然科学版）》2009 年第 1 期。

❷ 彭心怡：《我国宪法知识产权保护制度构想》，载《法制与社会》2015 年第 23 期。

第 219 条规定了对侵犯商业秘密的处罚，但可惜的是，缺乏对侵犯专利权的刑事处罚条款。

从思想现实来看，由于我国民众对于知识产权的正当性认识普遍不足，因此对知识产权的保护认识也普遍不足，整个社会对侵犯知识产权表现出宽容甚至理解的态度，与对有形财产的盗窃、抢夺行为表现出厌恶、谴责的态度有天壤之别。意识反作用于物质，我国相当多民众本身就是侵权产品的拥趸，认为侵权产品的价格更为亲民，因此购买侵权产品的行为普遍存在于日常生活中；有部分管理者更认为，侵权产品可以带来某种利益，比如说知识传播等。在实践中，专利侵权诉讼最怕侵权人是小企业，因为容易"赢了官司输了钱""侵权人明知自己侵权行为获利不多，却会给专利权人带来巨大损害，且清楚自己没有能力进行偿还，却依旧选择进行侵权活动，并在被诉侵权时选择赖账"。专利权保护不足纵容了侵权行为，挫伤了发明人的积极性，破坏了我国的创新环境，最终影响了科技经济的发展。

从激励的角度而言，刑事处罚是对侵犯专利权行为最为严厉的负激励，是应对侵权的"撒手锏"；从对专利权保护而言，刑法保护是最有效的（正）激励；从社会效率方面的激励而言，只有不断强化对专利的保护，才能真正体现发明创造的价值，才是对发明人公开技术的最好激励；从激励的效果而言，刑事处罚能够避免发明人怠于申请专利或者不愿公开技术，使得发明人公开技术以促进社会发展，同时阻吓侵权者，使得发明人公开技术获得的保护能够转化为切切实实的利润，真正实现社会正义，体现自由与公益的平衡和效率与公平的统筹。

有学者认为侵犯专利权入刑有违刑法的谦抑性，其理由在于：首先，TRIPS 协议并没有要求各国将侵犯专利列入刑事处罚，侵犯专利权入刑纯粹多此一举。其次，我国专利的"可专利性"不足，没有必要为维护"可专利性"不足的专利权而让侵权人受到刑罚。再次，在我国授权专利中，国外企业授权数量较大，侵犯专利权入刑可能导致国外强势企业进一步垄断市场，侵犯专利权需要承担刑事责任将对我国企业非常不利，进而涉及国家经济安全问题。最后，识别是否侵犯专利权相对于识别是否侵犯著作权来说技术难度更高，具有不确定性，即使是一般技术人员也不能完全了解，加上法官经验不足，易于形成对公众过高的威慑力。● 也有学者认为美国的科技进步在于知识产权强保护制度●，其关键之处不仅体现在其立法完备，更在于其强执法力度，而实际上美国对于侵犯专利权也是没有刑事处罚条款的。因此，要慎重考虑将侵犯专利权写入刑法是否有此必要。

对此，笔者认同吴汉东教授关于"知识产权是一个社会政策的工具"●这一观点。站在立法者角度，应当根据国家现实情况和未来发展计划，而作出选择及安排。尽管TRIPS协议规定了专利权属于私权，但是私权并不等于只能由权利人通过民事手段进行救济。在民法领域，侵权行为在某些特定情况下可能形成侵权之债，确实可以通过民事手段解决，但侵权行为在侵害专利权人私权的同时，也切实损害了公共秩序。从功利论的视角，专利权的保护是为了建立一个激励创新的公共秩序环境，这个环境的重要性与商标权所代表消费者权益的环境比较毫不逊色。而侵权行为正在损害这个有利于发明创造的公共秩序环境，因为专利权被侵害得不到充分救济，必然引致社会主体惰于投入研发，不愿公开成果申请发明，以及社会资源不愿意向创新方向转移等不良后果。现在我们面临专利廉价化、泡沫化等专利制度异化的问题根源无疑来源于此，这无疑是公共利益的问题。从法益角度观察，除了专利权人的私利之外，还有创新的社会秩序环境这一公共利益，创新涉及我国未来发展和民族发展的前景。侵权行为并不仅仅只是侵害了专利权，还侵害了专利法背后所代表的国家利益，所以说侵犯专利权不损害公共利益，不能利用公权力进行救济的说法是站不住脚的，公权力应当也必须承担起保护这个创新环境的责任。

● 莫洪宪、贺志军：《国家经济安全视角下我国知识产权之刑事保护——对"专利侵权罪"增设论之否定》，载《法学论坛》2008年第1期。

● 《美国1984年商标假冒条例》规定，冒用主簿注册的商标，对个人可以处以25万美元的罚金或5年监禁，或者两者并罚；对组织，处以100万美元罚金。另外，《美国法典》第2318条和第2319条规定了著作权犯罪的刑事责任条款。

● 吴汉东：《利弊之问：知识产权制度的政策科学分析》，载《法商研究》2006年第5期。

就未来发展而言，为实现鼓励发明创造、推动科技发展的目的，我国应当向世界知识产权强国学习，不断向知识产权保护的国际标准靠拢，做到高起点、高标准地构建知识产权法律体系。❶ 正如在"二战"结束阶段时，日本政府为了科技进步默许仿冒行为，市场同样充斥着各种侵权产品，然而在现阶段，技术进步已经有了一定基础，就不能再一味仿冒抄袭了。日本在创新政策上模仿美国，同样取得巨大成效，特别是其侵犯专利权入刑的条款，更是维护知识产权的利剑，为日本的科技发展奠定了坚实的基础。当前，我国国内企业授权数量已经远远大于国外专利授权数量，侵犯发明专利需要承担刑事责任，未必不利于我国企业。适当强化专利的保护，特别是发明专利的保护，能够避免发明人怠于申请发明专利，同时起到威慑侵权人的作用，使得专利技术获得的保护能够切切实实落到实处，转化为市场竞争力。

（二）强化专利权保护力度的设计建议

从激励角度而言，无论专利权、商标权、著作权都是知识产权，同属具备财产性质的私权，在保护力度上实不应该厚此薄彼，在激励力度上也不应当存在强弱之分。具体到强化专利权保护力度以提升激励强度，或侵犯专利权刑事处罚的条款设计上，笔者以为，可以借鉴日本先进经验，参考《日本专利法》《日本实用新型法》和《日本外观设计法》中对于罚款、刑事处罚以及双罚制度的规定，其采取的措施有以下几方面。

首先，针对专利可能存在技术性不足的问题，可以将侵犯专利权刑事处罚条款仅限于发明专利保护。众所周知，发明专利的创造性要高于实用新型专利，因此对实用新型专利保护可仅限于民法范畴，而对发明专利的保护则应当提高到刑法的范畴，以此体现出对真正创新的重视，也是考虑到不同的"可专利性"存在等问题而进行的折中。

---

❶ 李平：《美国的知识产权保护制度对我国的启示》，载《世界经济与政治论坛》2003 年第 2 期。

其次，对于担心公众不经意侵权的问题，可以规定非恶意侵权不涉及刑事处罚。反对者认为侵犯专利权刑事处罚可能会对公众形成过高的威慑力，其理由在于公众识别侵犯专利权与否的难度高于识别是否侵犯著作权，具有不确定性，即使是一般技术人员也不能完全了解。对此，可以设定非恶意侵权不作刑事处罚，将专利权人警告之后仍继续实施侵权视为恶意。毕竟公众有尊重专利权的义务，在收到警告函之后，在自身能力不能了解是否侵权的情况下，有义务聘请专业人士进行分析之后再作决定，这是一种相对容易的恶意判定办法。与美国专利侵权案件审理时决定"惩罚性"赔偿制度的模式相一致，法官也是根据这一办法判断侵权人是否具备主观恶意，再决定是否作出惩罚性赔偿判决的。

最后，对于公众尚未能够适应侵犯专利权刑事处罚的问题，可以设定对侵犯专利权比侵犯著作权较轻处罚力度，作为现阶段侵犯发明专利权需要承担刑事责任的量刑标准；或是通过设定一定期限，使得一般生产者和经营者有充裕的时间了解相关法律规定，判断是否需要申请专利以维护自身权利，或者做好专利预警，防止不经意侵犯别人专利等。

综上所述，为了高起点、高标准地构建知识产权法律体系，更好地完善专利激励制度，应当提高专利权保护力度。而将侵犯专利权行为纳入刑法管辖是一个非常有效的激励措施。侵犯专利权刑事处罚不仅是对专利权人的维护，更是保护我国创新环境的必要也是最后的途径。唯有如此，才能切实形成对专利权人的（正）激励和对侵权行为的负激励（威慑作用），为我国的经济发展、科技进步保驾护航。当然，刑法保护并不排斥民法，可以借鉴外国，设定侵犯专利权者除了承担民事责任之外，还要承担一定刑事责任的制度。

三、建立发明专利与实用新型专利差别保护制度

从激励的方式而言，激励力度应与成果大小对应以体现出差异性，激励对象获得的报酬应该与贡献成比例，差异化激励力度才能平衡公众心理，产生竞争动力，提高研发效率。我国激励制度的设计上，也应当遵循

这样的规则，从而实现自由与公益的平衡和效率与公平的统筹。考虑到发明专利的技术性要高于实用新型专利，其对社会的贡献程度更大，应当得到更好的保护。

然而，事实与理论却大相径庭。实践中，当前我国《专利法》中对发明专利和实用新型专利权利救济的规定基本上是相同的，特别是在赔偿金额计算方法上完全一致。根据我国《专利法》第 63 条❶和第 65 条❷，假冒专利的，可处违法所得的 4 倍以下或 20 万元以下罚款，并可处以刑罚；侵犯专利权的，按照逸失利润、非法所得、许可费用和法院酌定四种形式作民事赔偿，在赔偿金额上，发明专利与实用新型专利并无二致。

从激励角度而言，发明专利与实用新型专利的保护力度相同实际上是一种不公平。既然在概念的定义上，发明专利与实用新型专利在"创造性"这一核心价值上已建立起"突出"和"显著"与否的区分，那么在法律后果，即遭遇侵权行为时损害赔偿的方面当然也必须加以区分，否则，对于专利激励制度本身就是一种破坏。因为，首先专利制度的本质就是"以技术公开换取法律保护"。获取专利权的前提是对技术的公开，发明专利既然公开的技术比实用新型专利多，那么获得更多的保护也是必然的。其次是因为发明专利的申请成本远远大于实用新型专利。从《中国专利代理收费标准》便可以看出，一个发明申请的费用，包括申请费、公告费、实审费、代理费、年费等加起来，是一个实用新型专利的若干倍，并且发明专利的授权率远远低于实用新型专利授权率。根据统计，1985 年 4

---

❶ 《专利法》第 63 条规定："假冒专利的，除依法承担民事责任外，由管理专利工作的部门责令改正并予公告，没收违法所得，可以并处违法所得四倍以下的罚款；没有违法所得的，可以处二十万元以下的罚款；构成犯罪的，依法追究刑事责任。"

❷ 《专利法》第 65 条规定："侵犯专利权的赔偿数额按照权利人因被侵权所受到的实际损失确定；实际损失难以确定的，可以按照侵权人因侵权所获得的利益确定。权利人的损失或者侵权人获得的利益难以确定的，参照该专利许可使用费的倍数合理确定。赔偿数额还应当包括权利人为制止侵权行为所支付的合理开支。权利人的损失、侵权人获得的利益和专利许可使用费均难以确定的，人民法院可以根据专利权的类型、侵权行为的性质和情节等因素，确定给予一万元以上一百万元以下的赔偿。"

月至 2018 年 12 月，发明授权率为 29.8%，实用新型授权率为 70.2%。❶
发明专利权人承担的义务要远远大于实用新型专利权人，从义务与权利对
等的角度来说，笔者认为两者应当在立法和司法实践上都设置更大的区
分。最后发明的数量与国家创造力强弱成较强的正相关关系。考虑到发明
专利背后所体现的高创造性和对社会的巨大贡献，为了鼓励发明，改变当
下专利劣质化、廉价化、泡沫化的现状，国家不仅需要通过大力发展教育
以支撑科研活动，还需要通过制度上的鼓励来促进发明的涌现。因此，从
激励的力度上，必须建立起发明专利和实用新型专利的差异化激励，这是
专利激励制度必须改进的。

参考日本的专利制度，日本对实用新型专利制度采取单独立法的方
式，充分地体现了其制度设计的成熟性，其通过制度设计平衡了发明专利
与实用新型专利的权利与义务，体现实用新型专利制度较强的独立性，鉴
于此，我国亦有学者主张实现实用新型专利制度的单独立法❷，这或不失
为一种有助于长远发展的途径。但就目前而言，分别立法成本可能过高，
或可先建立发明专利和实用新型专利区别性惩罚赔偿制度。如能借鉴日本
经验，建立两套不同的赔偿金额计算方式以平衡实用新型专利与发明专利
之间的差异，在确保实用新型专利能够有效地保护"小发明"而不至于被
滥用的同时，更进一步加强发明专利的保护力度，以鼓励和促进企业和发
明者致力于高质量的发明专利的申请，也许是解决这个问题的一剂良方。

具体来说，我们可以采用以下措施。第一，在保持实用新型专利侵权
赔偿金额不变的情况下，提高发明专利赔偿金额，特别是设定赔偿金额的
下限，赔偿金额的下限可以根据发明人申请专利的总平均成本确定，务必
使得一次侵权赔偿的金额能够弥补发明人申请发明专利的政府费用成本和
进行维权的律师成本，唯此方可以维持发明人申请发明专利的动力。第

---

❶ 原始数据来源：国家知识产权局官方网站统计信息，访问网址：http://www. sipo.
gov. cn/tjxx/，访问时间：2020 年 8 月 12 日。

❷ 徐棣枫：《海峡两岸实用新型专利制度最新发展研究——兼及权利不确定性问题解决路径
之比较》，载《法学杂志》2010 年第 6 期。

二，参考日本专利侵权人需要承担刑事责任的做法，设定侵犯发明专利权者除了承担民事责任之外，还要承担一定的刑事责任的制度。

从激励的角度而言，既然一个国家的科技实力某种程度上可以从其发明专利和实用新型专利申请量的对比来观察，那么我国专利激励制度的改进就应当对此给予充分的考虑，实现发明专利与实用新型专利差别保护便可以称为社会发展的必然。对发明专利采取较高的保护水平，可激励技术性较高的发明人主动申请发明专利，避免发明人怠于申请发明专利，出现大发明小保护的情形；同时起到对侵权人的威慑作用，切实保证发明人公开技术获得的保护能够落到实处，转化为企业利润。而对于实用新型专利采用适当的保护力度，则可以鼓励较为弱小的发明人参与科技研发，对其实施适当保护，起到鼓励社会全体成员参与发明创造，推动科技发展的目的。从激励方式而言，根据成果大小来实施差异化激励，是未来专利激励制度改进设计必须考虑的要点。

第二节　司法层面

一、完善专利侵权赔偿计算方式

从激励的角度而言，侵权赔偿金额越大，对侵权人的负激励越大，侵权行为被放弃的机会越高，而专利权人利益维护得越好，给予专利权人的（正）激励也越多，这也是符合法律博弈的本意的。然而根据我国《专利法》的规定，专利侵权损失赔偿主要由四种计算方式确定，在实践中，专利许可费和法官酌定方式主要依赖于法官自由裁量权的行使，与实际损失难免有偏差。相比而言，专利权人的侵权损失和侵权人的非法获利两种计算方式则较为客观，但这两种计算方式却均存在某些难以克服的障碍（见后文），难以达到理想的效果。

笔者以为，要克服这些障碍，在制定措施时应当遵循主观意志与客观规律相结合的原则，还应当充分考虑到效率与公平的统筹，具体而言，不仅要依赖于实体法层面的改进，程序法层面对有关举证方式的改善尤为必要，必要时可以借鉴日本有关经验。

（一）改变侵权损失举证方式

我国专利侵权赔偿采用填平原则，因此奠定了将专利权人遭受损失作为赔偿计算的首要方式。我国《专利法》和《最高人民法院关于审理专利纠纷案件适用法律问题的若干规定》也对此作了规定。从理论上讲，权利人因侵权行为导致销售数量减少，或者因垄断被打破而导致价格下降，只要计算出销量减少数和价格下降程度，便可以推算出权利人的损失，这种计算方式最为合理。但从司法实践上看，却难以得到实施。难题在于举证的方式，一方面在于专利权人对于销售数量减少和价格下降的举证，由于销量减少和价格下降并不见得仅仅与侵权行为相关，如市场环境、替代产品、营销手段、消费者需求等的商业因素都足以令销售量和价格产生巨大变化，要排除这些因素来证明因为侵权而产生的销售数量减少和价格下降，需要庞大而又复杂的运算能力，即使动用政府资源恐怕也难以成功；另一方面这些证据通常来源于权利人的调查报告或者财务报表，具有单方性，难以被法院接受，且其也未必能够真正反映专利权人的全部损失。

借鉴日本的专利侵权举证制度，根据《日本专利法》第 102 条第 1 款❶的规定，专利权人的赔偿金额等于侵权产品的转让数量乘以单位利润。

---

❶ 《日本特許法》第 102 条：特許権者又は専用実施権者が故意又は過失により自己の特許権又は専用実施権を侵害した者に対しその侵害により自己が受けた損害の賠償を請求する場合において、その者がその侵害の行為を組成した物を譲渡したときは、その譲渡した物の数量（以下この項において「譲渡数量」という。）に、特許権者又は専用実施権者がその侵害の行為がなければ販売することができた物の単位数量当たりの利益の額を乗じて得た額を、特許権者又は専用実施権者の実施の能力に応じた額を超えない限度において、特許権者又は専用実施権者が受けた損害の額とすることができる。ただし、譲渡数量の全部又は一部に相当する数量を特許権者又は専用実施権者が販売することができないとする事情があるときは、当該事情に相当する数量に応じた額を控除するものとする。来源：日本特许厅，访问网址：http：//www. meti. go. jp/intro/law/index_tokkyo. html，访问时间：2017 年 6 月 14 日。

在司法实践中，举证责任为：专利产品转让数量可用专利权人的生产能力减去实际销售量作为依据，专利权人只需证明自己的生产能力和销售量即可；而侵权人则需要证明因为生产能力、边际成本、商业因素等原因，转让数量并没有权利人所请求的那么多。对于利润则定义为行业平均利润，以此免去专利权人证明侵害行为和损害结果的因果关系的责任[1]，减轻了专利权人的举证负担，实现对专利权人的强保护。

笔者以为，日本专利侵权举证制度有很高的借鉴意义。法院在计算销售减少量的举证上，可以采用权利人最大生产能力减去实际销售数量来推算因侵权减少的销售量，专利权人对此须负举证责任；而其他如市场环境、替代产品、营销手段、消费者需求、生产力局限、边际利润等非侵权因素对销售量减少的影响，则由侵权人承担举证责任，实现举证责任的平衡。另外，在利润计算方面的举证上，我国既可以采用行业平均利润以减少计算量，也可以根据诉讼双方请求适用边际利润等更加精细化的计算方式。

从强化专利保护角度考虑，司法实践中应当适当放宽专利权人损失或侵权人非法获利的证明标准，不宜将侵权行为与所受损失之间的证据关系界定为严格因果关系，而应当采用优势证据关系，即只要具有专利背景的法官认为侵权行为有很大可能引起该损害或者获利的结果，便可以采纳这一证据。通过这一改变，可以加大对专利侵权的打击力度，从而迫使侵权人放弃侵权选择，对专利权实施更好的保护激励。

（二）改变非法获利举证方式

假若隐匿资料是最优选择，则侵权人更倾向于隐匿资料。在专利侵权损失赔偿计算中，因侵权人持有证据却不愿公开，使得诉讼结果偏离公正，这也是实践中知识产权赔偿难的一个重要原因。对此，可通过改变法

---

[1] 周平：《知识产权侵权损害赔偿问题探讨——兼谈我国三部知识产权法律的修改》，载《电子知识产权》2003 年第 4 期。

律博弈的条件，使得假若隐匿资料不再是最优选择，便可以改变侵权人的选择。从而实现对专利权保护的（正）激励。在实践中，可以借鉴美国的证据开示制度，通过调整举证责任的分配来避免侵权人隐藏证据现象的发生。

举证责任的分配作为调整诉讼中各方利益的有力手段，在世界各国的司法实践中被广泛实施。在知识产权领域，2001 年发布的《最高人民法院关于民事诉讼证据的若干规定》第 75 条❶，2019 年《商标法》第 63 条第2 款❷，2016 年《最高人民法院关于审理侵犯专利权纠纷案件应用法律若干问题的解释（二）》第 27 条❸均采用了举证妨碍规则。根据这一规则，诉讼一方当事人如果阻碍另一方当事人获得证据，则其应就妨碍行为承担不利的法律后果。举证妨碍规则的适用逻辑在于其符合人趋利避害的经验法则，既然当事人不愿意提供证据，那么其隐瞒的证据显然比对方的指证更为严重，否则应当积极予以配合开示。

实践中关于举证妨碍规则的一个顾虑是：假如当事人由于某种实际困难确实不能举证，这一规则是否会沦为一种变相的制裁措施。笔者以为，可以参考美国的证据开示制度。根据《美国诉讼规则》第 37 条第 2 款，一旦某方当事人不愿意对有关证据进行开示，则法官可以直接采纳对方指证。这一点与上述的举证妨碍规则有异曲同工之妙。通过制度设计，给予

---

❶ 《最高人民法院关于民事诉讼证据的若干规定》第 75 条规定："有证据证明一方当事人持有证据无正当理由拒不提供，如果对方当事人主张该证据的内容不利于证据持有人，可以推定该主张成立。"

❷ 《商标法》第 63 条第 2 款规定："人民法院为确定赔偿数额，在权利人已经尽力举证，而与侵权行为相关的账簿、资料主要由侵权人掌握的情况下，可以责令侵权人提供与侵权行为相关的账簿、资料；侵权人不提供或者提供虚假的账簿、资料的，人民法院可以参考权利人的主张和提供的证据判定赔偿数额。"

❸ 《最高人民法院关于审理侵犯专利权纠纷案件应用法律若干问题的解释（二）》第 27 条规定："权利人因被侵权所受到的实际损失难以确定的，人民法院应当依照专利法第 65 条第 1 款的规定，要求权利人对侵权人因侵权所获得的利益进行举证；在权利人已经提供侵权人所获利益的初步证据，而与专利侵权行为相关的账簿、资料主要由侵权人掌握的情况下，人民法院可以责令侵权人提供该账簿、资料；侵权人无正当理由拒不提供或者提供虚假的账簿、资料的，人民法院可以根据权利人的主张和提供的证据认定侵权人因侵权所获得的利益。"

隐匿资料的行为设置惩罚条件，是改变博弈选择的最好办法，且能够对该行为进行负激励。

笔者以为，在适用证据妨碍原则的程序中，可以借鉴《美国证据规则》，其法律途径包括：提交文件请求（document request）、书面回答讯问（interrogatory）、请求承认（request for admission）以及讯问证人（deposition），通常这四种形式会交错进行，并且双方均可以在过程中提出动议，实际上，相当多的案件在证据开示过程中就已经结束。提交文件请求的阶段中，当事人应当列明申请对方提供证据的内容、范围、拟证对象、存在必然、索赔金额、申请理由等，以限制申请人不得超过必要范围；在书面问答辩论阶段，双方可就本方是否持有证据进行举证，并进行辩论；命令确认请求阶段由法院裁定当事人是否需要提交请求文件，并注明逾期不交的后果；在自动制裁阶段，假若当事人无正当理由拒绝提交文件，法院应当运用证据妨碍规则，直接采纳另一方的指证。

从专利激励制度的改进角度看，在知识产权赔偿的确定上，举证妨碍规则能够弥补实践中取证难的不足，使赔偿计算更趋于合理，有助于全面查清事实，以实现司法的公正，加强司法的威慑力，是一种行之有效的诉讼利益平衡调节手段，从而实现专利权的（正）激励。在专利激励制度改进中，运用这种手段的主要目的在于消除取证过程中的人为妨害，使得法官能够根据侵权获利这一相对科学的方法来确定赔偿数额，不致盲目适用法定赔偿。

二、废除专利侵权诉讼中的"诉讼中止"制度

激励的适时性原则也就是"赏不逾时"，对于行为人的激励越及时则效果越好。然而在诉讼实践中，"诉讼中止"制度使得专利侵权案件随时有可能演变成为循环诉讼，极大地拖延了案件审理的时间。平心而论，"诉讼中止"制度确实能够为法院准确审理专利侵权案件创造先决条件，具备程序上的正义性；但由于适用该程序而导致案件审理烦琐拖延，极容易成为侵权人逃避处罚的避风港，反而失去了实质上的正义。

为了解决这一问题，在满足准确判断专利有效性的条件下，可以考虑废除专利侵权诉讼中的"诉讼中止"制度，从而体现效率与公平的统筹。我国台湾地区智慧财产法院在审理专利案件过程中，在遇到涉及专利权的撤销、废止的情形时，不再中止审理，而是结合侵权案件一并审理，以此避免恶意拖延诉讼，提高审批效率。

在实践中，可借鉴我国台湾地区智慧财产法院的做法，在我国知识产权法院设立综合审判庭，综合审判庭成员由有知识产权经验的法官担任主审法官，由知识产权局复审委员担任审判员或人民陪审员，一旦涉及专利无效的情形，则将该案件转入综合审判庭，由综合审判庭不作"诉讼中止"的决定，保证案件审理的连续性。

废除专利侵权诉讼中的"诉讼中止"制度将极大地提高专利侵权案件的审理速度。对于专利权人而言，迅速获得赔偿将加大激励的效果；对于侵权人同样加大了负激励的效果，是专利激励制度改进的重要途径之一。

三、引入"惩罚性赔偿"制度

从激励层面而言，"惩罚性赔偿"制度比"填补性赔偿"制度具有更强的激励效果，能够更好实现专利激励制度的目的。作为专利激励制度的基础，专利制度的核心追求在于构建创新发展的社会环境，追求技术创新和科技进步；其所保护的客体是科学技术，代表着最先进的生产力。专利侵权赔偿机制则是专利激励制度在专利保护方面的重要体现，代表着专利激励制度对公开技术的保证力度和方式。"惩罚性赔偿"（Punitive Damages）制度主要指法院所判决的赔偿数额超出实际损害数额的赔偿，具有加重赔偿的性质。与填补性赔偿制度比较，更能体现意志与规律的协调、自由与公益的平衡、效率与公平的统筹。

借鉴美国的"惩罚性赔偿"制度，美国于 1784 年的 Genay Vs. Norris 案中最早确认这一制度。从激励角度而言，引入"惩罚性赔偿"更有助于加大对专利权人的（正）激励和对侵权人的负激励。因为惩罚性赔偿制度不仅具备对专利权人的补偿功能，更具备惩罚功能、威慑功能和激励功能。

就补偿功能而言，相较于填平性赔偿，惩罚性赔偿具有更高补偿作用，正如王利明教授所言❶，惩罚性赔偿可以填补那些如精神伤害之类填平性补偿不能救济的地方。同时，司法实务中专利权人由于各种原因无法穷尽其全部损失并作出举证。从这个角度而言，与填平性赔偿相比，惩罚性赔偿具有满足补偿被侵权人全部损失的价值追求，比填平性赔偿具备更高的效能。

侵权行为不仅损害专利权人的利益，也破坏了专利制度的激励功能。某些侵权行为不仅具有非法逐利性，更具有道德上的可责难性。因此，不能以专利权属于私权，民法功能不包括惩罚等理由来否定对侵权人进行惩罚的必要性。笔者以为，对于某些恶意侵犯专利权或者严重侵犯专利权的行为，通过惩罚性赔偿可以达到防止侵权人再次从事类似行为，并鼓励专利权人积极维护自身权利的目的。

就威慑功能而言，惩罚性赔偿金额远高于填平性赔偿，因此也更能够对社会产生强烈的警示作用，也能唤醒公众的专利保护意识，阻吓其他人从事类似行为，从而对侵权行为起到威慑作用。根据美国相关法律，法院可以根据侵权行为的严重性，作出损失金额1~3倍的赔偿判决，其目的之一便在于对社会公众起到警示作用，以此告知其得不偿失的后果，促使其不敢侵犯专利权。

就激励功能而言，首先，惩罚性赔偿有助于激励科技研发活动，消除专利权人的后顾之忧，促使其将更多资金、精力投入对知识产品的制造中去，从而创作出更多知识产品。其次，其有助于激励专利权人积极维权，专利权人通过惩罚性赔偿，可能获得超过损失的赔偿金，避免了"赢了官司输了钱"现象的发生，侵权行为的可能性将大为降低。最后，惩罚性赔

---

❶ 王利明教授认为，惩罚性赔偿具有赔偿受害人损失的功能，因为"补偿性赔偿对精神损害、人身伤害以及受害人支付的与诉讼有关的费用不能提供充分的补救，惩罚性赔偿可以在赔偿这些损失方面发挥一定的功能"，参见王利明：《美国惩罚性赔偿制度研究》，载《比较法研究》2003年第3期。

偿将打消侵权人的侵权侥幸心理，迫使其认识到侵权行为的得不偿失，迫使其采取合法手段使用他人专利技术，从而有利于促进知识产权交易市场的健康、有序发展。

前文讨论过，提高专利权保护力度、改变举证方式、完善计算方式均有助于构建良好的科技创新发展环境。尽管如此，笔者以为在专利权领域侵权赔偿中，引入惩罚性赔偿仍然是非常有必要的。唯有如此，才能够给专利权人以充分的赔偿，构建一个适合创新的环境，并激励科技研发投入不断增长，推动技术创新和科技进步。当然，鉴于惩罚性赔偿的严厉性，可以参考美国专利法有关的惩罚性赔偿制度，根据侵权人的恶意程度，如是否故意侵权、是否隐藏账本等，设置倍数不同的赔偿金。

第三节　行政层面

一、完善"专利权评价报告"制度

根据激励的合理性原则，激励措施要与所实现目标价值大小相称，奖惩要公平。从统筹效率与公平之间的关系来看，专利的激励制度改进中，既要加大知识产权的保护力度，使得有技术含量的专利技术能够真正转变成利润；也要防止劣质化、泡沫化专利滥用激励，造成垄断，损害市场健康发展。从自由与公益平衡的角度而言，既然加大专利权的保护必然要求社会公众严格履行义务，那么保证社会公众不被专利权滥用所损害就成为必然，针对实用新型专利和外观设计专利形式审查的特点，专利权评价报告制度能够起到防止专利过分工具化的作用，是平衡我国形式审查（初步审查）制度的较好方式。但是限于对"专利权评价报告"制度认识的不足，目前我国制度设计仍存在缺陷。

（一）专利权评价报告的法律属性

在司法实践中，法院对专利权评价报告的认定，多是根据《最高人民法院关于审理专利纠纷案件适用法律问题的若干规定》（2015年）（以下简称《审理专利纠纷案件规定》）❶进行的。根据《审理专利纠纷案件规定》，原告不能满足人民法院提供专利权评价报告的要求时，可能要承担不能举证的责任，故而专利权评价报告的法律性质类同于某种证据，与《专利审查指南（2010）》中所描述的性质是吻合的。而根据《最高人民法院关于对出具检索报告是否为提起实用新型专利侵权诉讼的条件的请示的答复》❷，专利权评价报告（检索报告）仅作为中止案件审理的一个证据，而不是提起专利侵权诉讼的必要条件，其用于证明专利权的稳定性，起到证据的作用。根据《专利审查指南（2010）》，专利权评价报告不是行政决定，因此专利权人或者利害关系人不能就此提起行政复议和行政诉讼。❸

但由于专利权评价报告是由国家知识产权局作出的，是带有官方性质的证明文件，效力远比一般证据高；在实践中可以影响到案件的审判进程甚至判决结果，起到的作用远大于证据的作用。尽管专利权评价报告没有法律法规明确规定其约束力，但其是基于行政职权的行为，又确实产生对专利权人利益的影响——在实践中，无论对于侵权诉讼中的哪一方甚至人民法院或者管理专利工作的部门，都几乎将其作为一种行政决定来看待。

（二）强化专利权评价报告制度

近年来，实用新型专利和外观设计专利的申请数量每年近200万件，

---

❶ 《最高人民法院关于审理专利纠纷案件适用法律问题的若干规定》（2015年）第8条规定："对申请日在2009年10月1日前（不含该日）的实用新型专利提起侵犯专利权诉讼，原告可以出具由国务院专利行政部门作出的检索报告；对申请日在2009年10月1日以后的实用新型或者外观设计专利提起侵犯专利权诉讼，原告可以出具由国务院专利行政部门作出的专利权评价报告。根据案件审理需要，人民法院可以要求原告提交检索报告或者专利权评价报告。原告无正当理由不提交的，人民法院可以裁定中止诉讼或者判令原告承担可能的不利后果。"

❷ 《最高人民法院关于对出具检索报告是否为提起实用新型专利侵权诉讼的条件的请示的答复》，访问网址：http://www.sipo.gov.cn/zcfg/flfg/zl/sfjs/200804/t20080415_377924.html，访问时间：2017年7月3日。

❸ 参见《专利审查指南（2010）》第496页。来源：国家知识产权局，访问网址：http://www.sipo.gov.cn/zcfg/flfg/zl/bmgz/201501/P020150112563859725022.pdf，访问时间：2017年7月12日。

由于形式审查（初步审查）制度，这些专利大多被授予专利权，由此引起了公众对专利权滥用的担忧。从激励的角度而言，这是授权（正）激励过度而导致的对相关竞争者过度负激励。

通常公众因专利权滥用所受到的损害有两种：一种是被滥诉困扰，另一种是被迫消耗资源以避免侵权。对于前者而言，即使是专利权人使用专利无效手段加以对抗，但双方失败的结果却天差地别。专利权人失败需要承担的后果是专利被无效，其损失不过是一个不具备创造性的专利罢了；被诉方失败却需要承担侵权赔偿后果。倾斜的诉讼结果使得专利权人占据心理优势地位，所谓专利流氓（patent trolls）便因此而生。后者对于一般市场竞争参与者而言，为了防范不必要的专利侵权，不得不花费大量金钱和人力在关注新专利上。这对于整个社会而言是一种巨大的浪费。在这种情况下，强化实用新型专利评价制度并且加强对滥诉的限制，是必需的防范专利工具化的手段。

笔者以为，专利权评价报告能够帮助社会公众和专利权人预测专利权的稳定性，具有非常高的实用性。在其结论被推翻之前，应当视为人民法院或管理专利工作的部门用于判定专利侵权纠纷和启动相应程序的主要证据，而不仅仅是一种决定某些程序中止与否的证明。

从公平和效率的统筹出发，为了限制专利权人的滥诉行为，有必要将《专利法》第61条第2款❶中的"可以"改为"应当"，即要求实用新型专利或外观设计专利权人，在向他人提出侵权指控或向他人提出侵权行政执法请求前必须出具专利权评价报告。专利权评价报告显示为不符合授权条件的专利，在专利权人未能推翻专利权评价报告的结果之前，将不具备用于起诉的效力，从而减少整个社会避防侵权的成本，削弱专利权人滥用专利权的冲动，达到减少滥诉、节约公众成本的目的，以限制对实用新型

---

❶ 《专利法》第61条第2款规定："专利侵权纠纷涉及实用新型专利或者外观设计专利的，人民法院或者管理专利工作的部门可以要求专利权人或者利害关系人出具由国务院专利行政部门对相关实用新型或者外观设计进行检索、分析和评价后作出的专利权评价报告，作为审理、处理专利侵权纠纷的证据。"

专利和外观设计专利的滥用。

（三）扩大专利权评价报告请求人范围并将结果公开

《专利法》将专利权评价报告请求人范围界定为专利权人、侵权纠纷的被告和行政处理的被申请人，但相对于实践需要，申请人范围依旧过窄，若专利权人的竞争对手不能方便地获得专利权评价报告，则不能及早对专利权效力作出判断，进而无法对自己的行为是否侵权进行预测。

但就效率而言，将专利权评价报告的请求主体扩大到任何人则没有必要，虽然有利于公众预测自己的行为是否侵害到他人合法权利，但鉴于当下中国专利申请量极大，过分扩大专利权评价报告的主体将导致管理机关的瘫痪，不利于平衡其社会效益和可持续发展性。笔者认为，考虑到公平和效率的统筹，可以将请求人范围扩展到任何有正当理由的申请人，只要申请人能够证明申请专利权评价报告的必要性，知识产权局即应当依申请进行，并将报告结果进行公开。公开专利权评价报告可以使想要得知该专利状况的公众能够及时了解权利状况，降低公众的避免侵权成本，也使得没有技术含量的专利自行失去效力，有利于提高专利权的法律确定性。

（四）提供事中事后救济程序

考虑到实践中专利权评价报告具备行政事实行为的功能，规定其不能提起行政复议或者行政诉讼似乎有欠妥当；且根据现行制度，虽然专利权评价报告申请并非一定由专利权人提出，但实质上相当于对该专利作出实审请求并公开，而且在某种程度上，专利权评价报告可以作为审查的结果使用。因此，评价过程应当给予相关人员充分陈述意见的机会。

从专利契约论来看，专利权的授予是政府代表公众与专利权人之间定下的契约，其对价是专利权人公开技术，而公众对其予以尊重。未经实质审查即予以授权意味着公众先行支付契约对价，在这种情况下，专利权评价报告可以视为契约的补充说明。虽然从快捷保护的角度而言，提供评价过程事中事后救济程序可能会削弱实用新型专利和外观设计专利的优势，但从契约的角度而言，契约的订立意味着利益方的协商，无论是代表公众的政府，或者专利权人，均应该得到充分表达意见的机会。而在现行的评价报告制作过程中这种机会是缺失的，因而在程序上难以说是毫无瑕疵的。

从效率与公平的角度，似应该规定其具有可诉性，并对专利权评价报告设立相应救济措施作为平衡，如行政复议或行政诉讼。将专利权视为一张契约，则专利权评价报告似可视为契约的补充条件，是契约过程的一部分。若契约过程缺乏充分听证的机会，专利权人或公众没有机会表达自己的意见，使得双方的理解容易出现偏差，导致报告的可参考性无法得到充分保障。

为此，可以设定在专利权评价报告制作过程中，给予相关人充分陈述意见和质证的机会，使得报告的效力更加符合法律证据的要求，并在报告完成后辅以相应救济措施，如行政复议或行政诉讼。参考日本的专利权评价书制度，可以规定若专利权人不服专利权评价报告的结果，则通过行政复议和行政诉讼程序解决；如果利害关系人不认可专利权评价报告，则向专利复审委员会提出无效宣告，利用无效途径进行解决，从而提高专利权评价报告的准确性，进而加强专利权评价报告制度的作用。

二、调整专利激励促进力度

（一）弱化"行政化"的专利资助制度

专利资助制度直接对专利申请行为施加（正）激励，利用行政力量迅速推动专利增长，效果显著。因此作为一种"快速见效"的专利激励制度，为全国大多数省市专利行政管理部门所乐用不倦。然而专利制度是基于市场的激励制度，其在运行中与市场密不可分，更加依赖于市场而非行政。纵观专利申请授权的整个流程，无论从其公开换取保护，还是支付申请费、实审费用来启动专利申请和审查，到支付授权费以获得授权，甚至逐年提高年费都蕴含着功利因素及经济杠杆的运用，都遵循着专利制度内在的经济规律，体现着制度设计者的意志和客观规律的完美协调。

然而专利行政资助制度的强行介入，破坏了专利制度背后经济规律的正常运行，当"公开技术""支付申请审查费用""缴纳年费"等专利权人应当承担的义务被减轻或者免除之后，专利激励制度必然产生异化。权利人因为自己不用支付对价而"躺在权利上面睡觉"；同时这些被减轻或者免除的义务不仅没有消失，反而被转嫁到公众一方，如政府利用公众交纳的税收来代专利权人支付申请费和年费，引起了社会的不公。政府过多的"关心"和"干预"，甚至将申请专利与获得授权的数量作为晋升职称或获得奖励的主要依据，破坏了专利经济规律的作用，从而制造出大量劣质化、泡沫化、闲置化、廉价化、工具化的专利，使得专利制度设计中的平衡不复存在。虚有数字掩盖了科技和经济发展成为真实状况，与政府的良好初衷背道而驰，这极大地削弱了专利制度的正当性，换言之，专利行政资助制度使得专利激励制度发生了异化。

纵观美国、欧盟、日本等国家和地区的发展历史，极少有单纯将目的置于促进专利申请的激励制度，因为从法理上讲，专利权是专利权人与公众之间的契约，政府应当做的事情是保护契约平衡。而利用某种措施来促使专利产出，则可以看作"损公众而肥私人"，是不符合效率与公平原则的。笔者以为，从效率与公平统筹角度而言，一切权利分配均应以专利制度本意为准。国家根据专利制度设定授予专利权之后，就不应当有过多的行政资助机制，以确保专利制度的正常运转。要促进公众的科技热情，可以通过强化专利保护的方式，对专利制度的全面实施加以保障，这才是专利激励制度改进的要务。

（二）强化"市场化"的专利激励制度

观察美国、欧盟、日本等国家和地区的科技促进制度，其最大特点在于通过以市场为主的激励机制，来为"天才之火添加利益之油"，体现意志与规律的协调。与我国制度相比，美国、日本等国的激励多是从专利的本体制度出发，并没有所谓的专利资助政策或条例，最多就是对小企业进行专利申请相关费用的减缓，也没有所谓的专利奖励，更没有所谓的入户口、减刑等制度。其专利创新激励制度关注点在于技术的产生及保护，而不在于专利申请的数量，对于专利的质量要求，则交由市场进行评价。

除了没有类似我国的专利促进资助制度外，美国其他激励制度与我国差别不大，其优势在实际执行上。以美国《杜拜法案》为例，《杜拜法案》通过增加真正发明人获得知识产权的机会，以激励科技工作者为知识产品的制造贡献自己的力量。从这一点看，与我国 2007 年的《科技进步法》是类似的，但我国《科技进步法》并不能真正产生如《杜拜法案》同样的激励效果，其原因不仅在于行政奖励制度的干扰，更在于知识产权不能真正转化为利润。

在对专利激励行政化的导向下，对于发明人而言，在一个对知识产权进行弱保护的环境中，与其花费大量精力进行知识产权保护，还不如将其换成一项行政奖励更为有利；在实践中，作为行政行为对专利质量的评估，终究不如市场"看不见的手"有效，原因在于：即使我们知道可以从法律、经济、科技等方面对专利进行评估，但市场本来就不是"看得见的手"所能够完全指挥的；同时行政体制也无法评估出专利的真正价值。从效率和公平的统筹角度而言，专利激励过多或过少都是缺乏效率或者公平的。对于国有企业和高校应加强引导，不应将专利作为升迁指标或职称评定的加分因素，过分的行政奖励或处罚都将破坏市场经济规律。价值是市场的概念，让"恺撒的归恺撒"，让"市场的归市场"，才能真正体现意志与规律的协调，才是专利激励制度改进的有效之道。

强化"市场化"的专利激励制度要遵循意志与规律的协调，除了放弃对专利申请作行政激励和对知识产权实行强保护政策之外，将技术和产品交由市场去决定，由市场对专利的优劣进行奖惩。政府加强对专利技术进行保护，让企业将市场获得的利润再次投入研发，获得更大利润，这才是真正的激励。

借鉴《美国中小企业促进法》，适当地帮助企业减轻负担，也是促进企业加大研发投入的方法之一。如通过实施与美国类似的制度，从财税制度上减少企业新投资的税收、降低企业所得税率或企业不用缴纳所得税、加速折旧、实行科技税收优惠、对于企业科研或者实验费用进行抵免、减少小型高科技企业地方税等，为积极参与研发的企业减轻一部分负担。从这个角度而言，我国高新科技企业制度就有这项功能。另外适当地对中小企业创新给予奖励也是有必要的。可以借鉴美国经验，凡超过一定规模的项目，需要拿出一定比例的研发经费交给中小企业作为研发费用，以支持中小企业创新。对于高校，甚至可以借鉴《杜拜法案》，鼓励高校、研究所将专利技术交给合作企业申请，毕竟企业才是真正属于市场的，而高校、研究所不能够完全属于市场，以此避免重申请轻实施的缺陷。

除此以外，我国还可以借鉴欧洲证券化市场，为知识产权提供资金上的支持，科研投入需要大量的资金，而成果需要接触市场，通过建立有经验的知识产权证券化团队，构建知识产权证券化市场，帮助投资者从技术中获利，帮助发明人将技术转化为利润。我国还可以对中小企业采取更宽松的金融资助制度，为其提供资金借贷、更多融资途径，模仿纳斯达克股票市场，为中小企业走上科技的道路提供金融支持，激励企业真正投入研发。

三、提升专利行政执法能力

从激励角度而言，专利行政保护属于"外生性"层面的激励。专利行政保护属于边缘专利制度，有学者曾呼吁对其进行削弱，代之以更强的司法保护，其理由在于性价比不足[1]。但笔者以为，专利行政保护作为我国特有的专利保护制度，是基于我国强大的行政能力，这是与我国客观实际相吻合的，体现制度设计者意志与客观规律的协调。其与专利司法保护共同构成了专利保护维度的激励，是我国专利保护不可或缺的一部分。为了更好发挥我国专利行政者的执法能力，笔者提出以下建议。

---

[1] 靳澜涛：《专利侵权纠纷行政处理制度的存废之辩》，载《中国发明与专利》2017年第8期。

（一）建立全国范围跨部门的知识产权行政执法机构

随着互联网科技的发展，专利侵权跨区域、跨部门的现象越来越普遍。一方面同一件专利侵权产品可能遍布全国多个省市，而管理专利的行政部门却只能在自己行政区域内执法，缺乏全国范围的执法权，且地方保护主义也可能限制行政执法的效果；另一方面我国对于专利、商标、著作权、技术秘密的行政执法则呈现多个部门分别管理的现状，集合工商、税务、公安等不同部门的行动非常难得，"三打两建"之类运动型执法缺乏能够坚持的长效机制。因此行政执法对于侵权行为的效力存在不足，这也是所谓"性价比"不高的原因之一。

鉴于我国现行行政体制的局限，建立全国范围、跨部门合作的知识产权行政执法机构❶就显得尤为必要，目前我国已有部分先进地区开始了这一有益的尝试，如深圳市通过市场监督管理局联合工商局、专利局、版权局、公安局等部门，对区域内知识产权问题作统一管理。但纵观全局，仍缺乏如全国或全省的知识产权管理机关之类更高层次的专利管理行政机关，因此也未能形成强大的行政威慑力，对侵权行为构成足够的负激励。笔者以为，有必要在国家知识产权局内，建立全国范围的知识产权行政管理机关，负责各类知识产权的行政保护，真正为我国专利制度的健康发展提供有力保障。

（二）强化海关执法功能

虽然近年来我国海关知识产权工作成绩可嘉，但与美国知识产权海关保护情况相比，仍存在较大差距，如专利申请主动保护的不便利性、高成本及海关执法的主动性等方面均有待改善。

从海关执法对专利侵权行为的负激励角度而言，负激励的力度存在不

---

❶ 宁立志等：《专利行政执法之制度思辨》，载《珞珈法学论坛（第十三卷）》，武汉大学出版社 2014 年版。

足。理论上我国专利权人虽然可以通过在网站上备案的方式，以期望得到我国海关的保护，但由于海关工作非常繁忙，根据备案查获专利权侵权的概率非常低。在实践中，需要专利权人根据自行掌握的情况，按照货物批次、时间、地点逐次向不同海关提出。烦琐、重复的程序极大地增加了权利人的维权成本，也诱发了侵权人冒险的决心。对此，笔者以为，可以参考美国的保护方式，通过网络管理等方式，降低权利人启动海关保护的成本，避免重复劳动引起的效率低下等弊端。

面对日益增大的监管工作量以及在快速通关的需求下，海关对侵犯专利权的主动保护往往力不从心。可以借鉴美国海关的功能，赋予我国海关执法机关更多的管理权限，优化海关保护备案手续，注重信息化手段在海关执法中的应用，提高执法效能，持续加大知识产权边境保护力度。

(三) 小结

虽然从 TRIPS 协议来看，知识产权的司法保护要比行政保护更重要，但是根据我国的实际情况，第一，行政保护具有快速反应的效果，其效率高于而成本低于司法保护，其体现着效率和公平的平衡；第二，我国专利行政管理部门有丰富的人才资源，应当加以充分利用；第三，国外先进国家，如美国、英国等国，同样有如国际贸易委员会之类的全国范围的行政执法机关，因此在我国，行政执法和司法执法应当并行不悖且相辅相成。两者共同构成了专利保护维度的激励，是我国专利激励制度运行的重要依靠力量。

结　语

　　专利制度发源于西方发达国家，运行已经有数百年。经济学者认为，经过专利制度的调节，市场看不见的手将自动重新分配资源，使得创新的资源投入增长，从而产生更多知识产品。而社会规划学者主张，专利制度能够为人类规划出一个更为美好的社会，其不仅在于让人类的总福利增长大于维持专利制度的福利付出，更在于专利制度自身将成为构筑理想社会的要素，能够为社会带来更多的知识产品，满足人们日益增长的精神和物质需要。法律学者认为，专利制度具有法哲学上的正当性，不仅在于发明人获得自己劳动成果的正当性，更在于专利制度能够提升社会福利水平，推动科技进步、社会发展。

　　然而在我国，专利制度似乎与人们的期望并不相称，也发挥不出期望中的强大功能。在实践中，由于我国市场经济基础薄弱，专利制度内蕴的激励功能甚至还不如一些行政奖惩制度强大，给社会经济带来的益处似乎十分有限。同时，在面对国外专利战的竞争压力时，仅靠专利制度的内蕴激励似乎有捉襟见肘之弊。因此政府不得不发挥行政力量较强的优势，通过添加"外生性"专利激励机制，来对专利制度进一步刺激，以图优化资源配置、推动技术创新、促进有序竞争、参与国际竞争。

　　然而专利制度发源于西方发达国家的市场经济，自有其应当遵循的市场规制。行政力量的介入，一方面固然增加了专利制度的激励能力，使得我国专利数量剧增；另一方面也产生了专利劣质化、廉价化、闲置化、泡沫化、工具化等弊端。从专利激励制度范畴观察：专利策略主体处在计划经济与市场经济交杂的外在环境中，其使用专利的动机五花八门，花样繁多；而制度设计者试图用行政手段这只"看得见的手"，来强化市场"看不见的手"，在专利制度"内生性"激励因素中引入"外生性"激励因素，却难言是相得益彰的。制度设计者初衷虽好却背离了专利制度的创设根源，难免劳而少功，我国专利制度的困境越演越烈。近年来，虽然有关部门出台各种措施对专利激励制度加以限制，但实如扬汤止沸，收效甚微，专利激励制度异化情形依旧每况愈下。

专利激励制度异化意味着对制度的改进势在必行。首先，本书必须确立专利激励制度改进的理念方向，这是专利激励制度改进必须依据的纲领。其次，遵循新的专利激励制度理念，确定专利激励制度改进的范围和力度。一方面，从对专利激励内涵的分类而言，专利激励制度可以概括为三个维度：专利授权维度的激励、专利保护维度的激励、专利促进维度的激励，因此改进的范围也以这些维度为线索；另一方面，从法哲学的视野观察，专利激励制度存在扩张和限制两个维度，我国专利激励制度异化的核心问题在于"内生性"激励不足，"外生性"激励过强，因此必须在每一个维度中予以充分考虑。最后一个不容忽略的因素是专利激励制度背后的市场规则。考虑到专利激励制度从属于专利制度，专利制度来源于市场经济，服从市场规律，因此，专利制度所依赖的市场环境需要被计算在内。为了使专利激励制度产生积极效果，专利激励制度的设计必须与社会经济科学环境❶相适应；同样地，专利激励制度的改进也必须利用法经济学理论作为指导，以设计出更好的激励平衡。以法律博弈理论、信息偏在理论等法经济学理论作为工具，能够帮助我们更好地理解并改进我国专利激励制度。

在这个基础上，本书借鉴了建立在市场经济基础上的国家和地区如美国、欧盟、日本和我国台湾地区的先进经验，同样依据专利授权、专利促进、专利保护三个维度进行分析比对。经研究发现：在专利授权维度上，

---

❶　所谓的社会经济科学环境应当包括国家的经济发展水平、社会开放程度、自由竞争状态、各行各业特征及科技促进政策等。

国外激励制度对于发明创造的技术性有更强的相关性，其（正）激励力度更大，非必要限制条件则更少（如专利客体范围更大等）；在专利促进维度上，国外激励制度更倾向于依靠专利法等法律制度内在的激励功能，即更侧重于"内生性"激励，对"外生性"激励较少；而在专利保护的维度上，呈现对专利权人极强的（正）激励和对侵权人的负激励。这些研究展示了先进国家专利激励制度的运用模式，为我国专利激励制度改进提供了参考。

借助先哲们的理论以及外国的实践，本书可能找到了现行专利激励制度异化的根源，并据此提出了现行专利激励制度的改进建议。按照前文的观点，专利激励制度实际是通过调整市场中各法律决策主体相互间的关系而发挥作用的，即在法律决策平衡中，激励因素作为一个附加砝码，影响法律决策者的市场选择，从而对人们的法律行为产生了决定性的影响。因此，制度改进主要是通过改变激励因素进行的。涉及具体改进措施，本书将其分为立法、司法、行政三个层面陈述：从立法层面提出要提高专利保护在我国法律体系中的地位，强化专利保护力度，建立发明专利与实用新型专利差别保护制度的建议；从司法层面提出完善侵权损失计算方法，废除"诉讼中止"制度，引入"惩罚性赔偿"的建议；从行政层面提出完善"专利权评价报告"制度，平衡专利激励促进力度，加强专利行政执法能力的建议。

尽管本书已经提出了一些改进建议，但笔者不得不承认，专利激励制度的研究是一个非常复杂的法律问题，目前远远未臻完善。首先，专利激励是一个开放的体系，仅仅从专利形成、专利促进及专利保护三个维度进行观察，未必能够完全涵盖激励的内容，值得进一步考究。其次，我国的社会经济科学环境始终在变化，因此制度的检视范畴及制度改进的背景条件也在不断变化，旧的模式是否恰当，值得进一步探究。例如，新的专利运用方式，如专利包，其价值主要由数量及技术领域决定，打破了专利经济质量必须由专利技术质量和法律质量决定的限制，改变了游戏的规则。最后，人们对专利制度的认识也在不断深化，如同一个专利在不同企业的手中，体现价值大不相同，创造出的价值也大不相同，市场对价值的判断也在不断变化，新的专利价值估算模式不断推出，这些都有待进一步论证。

当下，创新是中国发展的首要途径，创新制度的设计应当充分考虑这一目的；专利制度作为创新制度的重中之重，自然应当满足社会对创新的需求；专利激励制度来源于专利制度，因此，专利激励制度的核心追求必然也与专利制度相符。本书所提出的改进建议，可谓是依据当前社会经济科学环境提出的保护创新建议，着重于建立一个有益于创新的环境，鼓励创新发展。限于立场观点不同，本书观点或许和既有学说有所冲突，不足之处，有待进一步深入研究。

参考文献

一、中文著作类

1. 曹新明.中国知识产权法典化研究［M］.北京：中国政法大学出版社，2005.

2. 程永顺.中国专利诉讼［M］.北京：知识产权出版社，2005.

3. 冯晓青.知识产权法前沿问题研究：第2卷［M］.北京：中国大百科全书出版社，2009.

4. 冯晓青.知识产权法专题判解与学理研究：综合卷［M］.北京：中国大百科全书出版社，2010.

5. 甘绍宁.美国专利诉讼要案解析［M］.北京：知识产权出版社，2013.

6. 国家知识产权局专利管理司，中国技术交易所.专利价值分析指标体系操作手册［M］.北京：知识产权出版社，2012.

7. 黄海峰.知识产权的话语与现实——版权、专利与商标史论［M］.武汉：华中科技大学出版社，2011.

8. 孔祥俊.反不正当竞争法的创新性适用［M］.北京：中国法制出版社，2014.

9. 李琛.论知识产权法的体系化［M］.北京：北京大学出版社，2005.

10. 李明德，等.欧盟知识产权法［M］.北京：法律出版社，2010.

11. 李勇.专利侵权与诉讼［M］.北京：知识产权出版社，2013.

12. 刘茂林.知识产权的经济分析［M］.北京：法律出版社，1996.

13. 刘伍堂.专利资产评估［M］.北京：知识产权出版社，2011.

14. 宁立志.知识产权法［M］.武汉：武汉大学出版社，2011.

15. 宁立志.知识产权与市场竞争：第一辑［M］.武汉：湖北人民出版社，2015.

16. 宁立志.知识产权与市场竞争：第二辑［M］.武汉：湖北人民出版社，2016.

17. 齐树洁，等.美国民事司法制度［M］.厦门：厦门大学出版社，2011.

18. 王晋刚，张铁军.专利化生存：专利刀锋与中国企业的生存困境［M］.北京：知识产权出版社，2005.

19. 王立民，黄武双．知识产权法研究：第9卷［M］．北京：北京大学出版社，2011.

20. 王太平．知识产权法法律原则、理论基础与具体构造［M］．北京：法律出版社，2004.

21. 王泽鉴．民法物权（第1－2册）［M］．北京：中国政法大学出版社，2001.

22. 王泽鉴．民法总则［M］．北京：中国政法大学出版社，2001.

23. 吴汉东．知识产权基本问题研究［M］．北京：中国人民大学出版社，2005.

24. 吴汉东．知识产权制度基础理论研究［M］．北京：知识产权出版社，2009.

25. 吴汉东．中国知识产权制度评价与立法建议［M］．北京：知识产权出版社，2008.

26. 吴汉东．走向知识经济时代的知识产权法［M］．北京：法律出版社，2002.

27. 吴汉东，胡开忠．无形财产权制度研究［M］．北京：法律出版社，2001.

28. 奚晓明．中国知识产权司法保护2009［M］．北京：中国传媒大学出版社，2010.

29. 奚晓明．最高人民法院知识产权审判案例指导（第1－6辑）［M］．北京：中国法制出版社，2010.

30. 徐棣枫．专利权的扩张与限制［M］．北京：知识产权出版社，2007.

31. 杨春睿．西方哲学史［M］．北京：煤炭工业出版社，2016.

32. 杨利华，冯晓青．中国专利法研究与立法实践［M］．北京：中国政法大学出版社，2014.

33. 叶春明，刘长平．专利测度与评价指标体系研究［M］．北京：知识产权出版社，2013.

34. 张广良．知识产权民事诉讼热点专题研究［M］．北京：知识产权出版社，2009.

35. 张新锋．专利权的财产权属性——技术私权化路径研究［M］．武汉：华中科技大学出版社，2011.

36. 国家知识产权局条法司．专利法研究（2010）　［M］．北京：知识产权出版社，2011.

37. 中国人民大学知识产权教学与研究中心，中国人民大学知识产权学院．十二国专利法［M］．北京：清华大学出版社，2013.

38. 卓泽渊．法的价值总论［M］．北京：人民出版社，2001.

39. ［美］阿瑟·R. 米勒，迈克·H. 戴维斯．知识产权法：专利、商标和著作权［M］．3版．北京：法律出版社，2004.

40. ［美］迈克尔·N. 米勒. 国外专利诉讼［M］. 孟庆法，译. 成都：成都科技大学出版社，1987.

41. ［美］Martin J. Adelman，等. 美国专利法［M］. 郑胜利，等译. 北京：知识产权出版社，2011.

42. ［美］罗伯特·P. 墨杰斯，等. 新技术时代的知识产权法［M］. 齐筠，等译. 北京：中国政法大学出版社，2003.

43. ［美］戈登·史密斯，等. 知识产权价值评估、开发与侵权赔偿［M］. 夏玮，等译. 北京：电子工业出版社，2012.

44. ［美］丹·L. 伯克. 专利危机与应对之道［M］. 马宁，等译. 北京：中国政法大学出版社，2013.

45. 国家知识产权局专利复审委员会. 佳能知识产权之父谈中小企业生存之道：将知识产权作为武器！［M］. 文雪，译. 北京：知识产权出版社，2013.

46. ［日］田村善之. 日本现代知识产权法理论［M］. 李扬，等译. 北京：法律出版社，2010.

47. ［日］田村善之. 日本知识产权法［M］. 周超，等译. 北京：知识产权出版社，2011.

48. ［日］谷口安平. 程序的正义与诉讼［M］. 王亚新，等译. 北京：中国政法大学，2002.

49. ［英］伯特兰·罗素. 西方哲学简史［M］. 文利，译. 西安：陕西师范大学出版社，2010.

二、中文论文类

1. 陈朝晖，谢薇. 专利商业化激励：理论、模式与政策分析［J］. 科研管理，2012（12）.

2. 陈广吉. 专利契约论新解［D］. 上海：华东政法大学，2011.

3. 陈权. 中美民事诉讼审前程序之比较［J］. 福建政法管理干部学院学报，2001（1）.

4. 陈文颖. 浅谈专利权评价报告制度［J］. 科技创新导报，2010（11）.

5. 程良友，汤珊芬. 美国提高专利质量的对策及对我国的启示［J］. 科技与经济，2007（3）.

6. 程良友，汤珊芬. 我国专利质量现状、成因及对策探讨［J］. 科技与经济，2006（6）.

7. 程晓枫. 浅谈垃圾专利及其治理［J］. 中国高新技术企业，2011（33）.

8. 代中强．知识产权调查引致的贸易壁垒：一个统计分析［J］．集美大学学报（哲社版），2016（1）．

9. 邓禾，韩卫平．法学利益谱系中生态利益的识别与定位［J］．法学评论，2013（5）．

10. 丁文君．发展中国家的知识产权保护与自主创新［D］．武汉：武汉大学，2014．

11. 董楠楠，钟昌标．美国和日本支持国内企业创新政策的比较与启示［J］．经济社会体制比较，2015（3）．

12. 杜鹃，陶磊．专利法利益平衡机制的法经济学解析——基于社会契约论的观点［J］．经济经纬，2008（1）．

13. 樊增强．日本、欧盟中小企业技术创新支持政策的比较分析及其对我国的启示与借鉴［J］．现代日本经济，2005（1）．

14. 方博佳．从快播案件看避风港原则在我国网络环境的应用［J］．法制与社会，2015（6）．

15. 方婷，等．简析实用新型和发明创造性标准的区别［J］．中国发明与专利，2012（1）．

16. 冯晓青．激励论——专利制度正当性之探讨［J］．重庆工商大学学报（社会科学版），2003（1）．

17. 冯媛媛．世界各国实用新型法的创新和本源［J］．中国发明与专利，2007（10）．

18. 高林．专利知识宽度、创新与激励［D］．天津：南开大学，2012．

19. 国家知识产权局条法司．关于专利权无效宣告与专利权评价报告制度［J］．电子知识产权，2010（4）．

20. 韩波．美国证据开示程序改革的启示与借鉴［J］．石河子大学学报（哲学社会科学版），2004（1）．

21. 韩可卫，陈天明．知识产权贸易壁垒对我国高新技术产品出口企业的影响及策略［J］．产权导刊，2014（6）．

22. 何炼红，陈吉灿．中国版"拜杜法案"的失灵与高校知识产权转化的出路［J］．知识产权，2013（3）．

23. 和育东．"专利丛林"问题与美国专利政策的转折［J］．知识产权，2008（1）．

24. 洪结银．专利池的经济效率和反垄断规制［J］．产业经济研究，2008（2）．

25. 胡波．专利法的伦理基础［D］．重庆：西南政法大学，2009．

26. 胡小君，陈劲．基于专利结构化数据的专利价值评估指标研究［J］．科学学研究，2014（3）．

27. 黄君华．专利价值评估方法研究——基于法律因素的一种改进［J］．知识经济，

2011（14）.

28. 黄武双. 制度移植与功能回归——新中国专利制度的孕育与发展历程 ［D］. 上海：
华东政法大学，2006.

29. 黄秀英，俞小英. 知识产权，无形财富——浅谈科研机构知识产权意识薄弱的几种
表现 ［J］. 广东科技，1994（6）.

30. 季任天，陈乃新. 专利标准化权利边界及其反垄断法规制 ［J］. 湘潭大学学报
（哲学社会科学版），2015（6）.

31. 金泳锋，黄钰. 专利丛林困境的解决之道 ［J］. 知识产权，2013（11）.

32. 寇宗来. 专利制度的功能和绩效：一个不完全契约理论的方法 ［D］. 上海：复旦
大学，2002.

33. 李华. 美国的证据开示规定及其借鉴作用 ［J］. 理论探索，2009（4）.

34. 李嘉. 国际贸易中的专利标准化问题及其法律规制 ［D］. 上海：华东政法大
学，2012.

35. 李莉. 对实用新型专利制度的一些思考 ［J］. 中国发明与专利，2007（11）.

36. 李霞. 欧盟竞争法对知识产权滥用市场支配地位的规制 ［D］. 上海：华东政法大
学，2014.

37. 李晓秋. 美国《拜杜法案》的重思与变革 ［J］. 知识产权，2009（3）.

38. 李振亚，等. 基于四要素的专利价值评估方法研究 ［J］. 情报杂志，2010（8）.

39. 刘毕贝. 基于专利制度本旨的专利质量涵义的界定及解释 ［J］. 中国科技论坛，
2013（11）.

40. 刘毕贝，赵莉. 中国专利质量问题的制度反思与对策——基于专利扩张与限制视角
［J］. 科技进步与对策，2014（16）.

41. 刘华，刘立春. 政府专利资助政策协同研究 ［J］. 知识产权，2010（2）.

42. 刘林青，等. 专利丛林、专利组合和专利联盟——从专利战略到专利群战略 ［J］.
研究与发展管理，2006（4）.

43. 刘凌. 论专利·技术进步与经济增长方式转变 ［D］. 乌鲁木齐：新疆大学，2012.

44. 刘天语. 国有企业专利工作中问题的成因及探讨 ［J］. 知识产权，1996（1）.

45. 刘洋，郭剑. 我国专利质量状况与影响因素调查研究 ［J］. 知识产权，2012（9）.

46. 罗艺方，赖紫宁. 美国民事证据开示制度浅议 ［J］. 华南理工大学学报（社会科
学版），2002（4）.

47. 吕炳斌．专利契约论的二元范式［J］．南京大学法律评论，2012（2）．

48. 吕晓蓉．专利价值评估指标体系与专利技术质量评价实证研究［J］．科技进步与对策，2014（20）．

49. 马忠法．对专利的本质内涵及其制度使命的再思考——以专利技术转化率低为视角［J］．科技进步与对策，2010（20）．

50. 马忠法．对知识产权制度设立的目标和专利的本质及其制度使命的再认识——以专利技术转化率低为视角［J］．知识产权，2009（6）．

51. 毛昊．试论我国专利政策：特征、问题与改革构想［J］．科技与法律，2016（1）．

52. 毛昊．专利运用引发的制度冲突及其化解途径［J］．知识产权，2016（3）．

53. 梅术文．创新驱动发展战略下专利政策法律化路径研究［J］．科技进步与对策，2014（1）．

54. 蒙大斌．中国专利制度的有效性：理论与经验分析［D］．天津：南开大学，2014．

55. 孟奇勋．开放式创新环境下专利经营公司战略模式研究［J］．情报杂志，2013（5）．

56. 莫洪宪，贺志军．国家经济安全视角下我国知识产权之刑事保护——对"专利侵权罪"增设论之否定［J］．法学论坛，2008（1）．

57. 宁立志．欧盟专利的发展及其核心问题——兼及对中国的影响［J］．学习与实践，2012（5）．

58. 彭立静．知识产权伦理研究［D］．长沙：中南大学，2009．

59. 曲宁．科学技术进步与专利制度发展［J］．科技与企业，2014（19）．

60. 饶明辉．当代西方知识产权理论的哲学反思［D］．长春：吉林大学，2006．

61. 邵培樟．日本专利代理人制度的最新发展及对我国的启示［J］．安徽行政学院学报，2014（3）．

62. 沈世娟，薛宁．论我国专利权评价报告制度——一起专利侵权案件引发的思考［J］．知识产权，2012（7）．

63. 孙兵兵，等．北京市专利申请资助政策演变特征与效果分析［J］．现代情报，2013（8）．

64. 孙佳明．论我国垃圾专利问题［J］．法制与社会，2014（20）．

65. 孙玉艳，张文德．基于组合预测模型的专利价值评估研究［J］．情报探索，2010（6）．

66. 唐昭红．解读专利制度的缘起——从早期专利制度看知识产权正当性的条件［J］．科技与法律，2004（1）．

67. 陶阳，徐继超．论"侵犯专利犯罪"的立法完善［J］．科技进步与对策，2004（5）．

68. 田宏杰．侵犯专利权犯罪刑事立法之比较研究——兼及我国专利权刑法保护的完善［J］．政法论坛，2003（3）．

69. 田洪鋆．欧盟知识产权法律制度与 TRIPs 之比较观察［J］．白城师范学院学报，2006（1）．

70. 万小丽．区域专利质量评价指标体系研究［J］．知识产权，2013（8）．

71. 万小丽．专利价值的分类与评估思路［J］．知识产权，2015（6）．

72. 万小丽．专利质量指标研究［D］．武汉：华中科技大学，2009．

73. 王冠．专利犯罪立法比较研究［J］．科技进步与对策，2007（12）．

74. 王冠玺，李筱苹．我国知识产权法律与国家发展政策的整合［J］．法学研究，2005（6）．

75. 王建民，狄增如．"顶层设计"的内涵、逻辑与方法［J］．改革，2013（8）．

76. 王淇．知识产权强国建设顶层设计研究［J］．科技促进发展，2016（2）．

77. 王先林．从个体权利、竞争工具到国家战略——关于知识产权的三维视角［J］．上海交通大学学报（哲学社会科学版），2008（4）．

78. 王艳．试论实用新型专利制度存在的问题及建议［J］．发明与创新（大科技），2014（1）．

79. 王英．网络知识产权正当性问题研究——以激励论和利益平衡论为视角［J］．情报理论与实践，2010（11）．

80. 魏延辉，张慧颖．从专利弹性视角研究专利制度货币型奖励政策效率［J］．科学学研究，2016（8）．

81. 吴少友，王璞．"垃圾专利"对市场竞争的影响［J］．知识经济，2014（5）．

82. 吴延勇，张明然．新式知识产权贸易壁垒研究——成因、目的、动力和本质［J］．镇江高专学报，2016（3）．

83. 吴用平．关于专利权评价报告制度的新思考以实用新型专利为视角［J］．中国律师，2012（12）．

84. 肖宁洪．企业专利价值评估中的法律因素［J］．河南公安高等专科学校学报，2008（5）．

85. 肖志豪．浅析新专利法中的专利权评价报告制度［J］．法制与社会，2010（4）．

86. 谢黎，等．我国问题专利现状及其形成原因初探［J］．图书情报工作，2012（24）．

87. 谢黎，等．专利资助政策与问题专利的形成——基于灰色关联的实证研究［J］．情报杂志，2014（6）.

88. 谢萍．企业专利价值评估方法及实证分析［J］．情报杂志，2015（2）.

89. 幸大智．中国内地与台湾地区知识产权法制的比较——兼论两岸知识产权法律在
TRIPS 协定下的演进［D］．上海：华东政法大学，2008.

90. 徐棣枫．海峡两岸实用新型专利制度最新发展研究——兼及权利不确定性问题解决
路径之比较［J］．法学杂志，2010（6）.

91. 徐伟功，王育琪．美国的域外证据开示制度评析［J］．河南省政法管理干部学院学
报，2005（6）.

92. 徐瑄．知识产权对价论的理论框架——知识产权法为人类共同知识活动激励机制提
供激励条件［J］．南京大学法律评论，2009（1）.

93. 徐元．知识产权贸易壁垒对我国出口的影响与对策［J］．石家庄经济学院学报，
2012（2）.

94. 杨利华．专利激励论的理性思考［J］．知识产权，2009（1）.

95. 杨璐源．以知识产权激励机制保护非物质文化遗产的正当性分析［J］．前沿，2014
（Z8）.

96. 杨平．日本实用新型制度的历史及变革［J］．中国发明与专利，2008（9）.

97. 杨起全，吕力之．美国知识产权战略研究及其启示［J］．中国科技论坛，2004（2）.

98. 喻少如，曾祥昌．关于我国专利奖励立法若干问题的思考［J］．中南林业科技大学
学报（社会科学版），2012（6）.

99. 袁晓东，刘珍兰．专利审查中现有技术信息不足及其解决对策［J］．情报杂志，
2011（3）.

100. 袁晓东，刘珍兰．专利质量问题及其应对策略研究［J］．科技管理研究，2011（9）.

101. 詹映，朱雪忠．标准和专利战的主角——专利池解析［J］．研究与发展管理，
2007（1）.

102. 张广良．关于我国专利权评价报告制度的思考［J］．中国专利与商标，2010（3）.

103. 张剑．专利制度的经济学分析［D］．上海：复旦大学，2006.

104. 张健．专利权滥用及其法律规制研究［D］．长春：吉林大学，2011.

105. 张克群，等．专利价值的影响因素分析——专利布局战略观点［J］．情报杂志，
2015（1）.

106. 张鹏．我国专利无效判断上"双轨制构造"的弊端及其克服——以专利侵权诉讼

中无效抗辩制度的继受为中心 [J]. 政治与法律, 2014 (12).

107. 张伟君. 知识产权滥用规制制度研究 [D]. 上海: 同济大学, 2007.

108. 张伟君, 单晓光. 滥用专利权与滥用专利制度之辨析——从日本"专利滥用"的理论与实践谈起 [J]. 知识产权, 2006 (6).

109. 张颐. 关于专利制度垄断性的思考 [J]. 科技创新与应用, 2012 (30).

110. 赵晨. 专利价值评估的方法与实务 [J]. 电子知识产权, 2006 (11).

111. 赵耀, 吴玉岭. 专利滥用的博弈分析 [J]. 统计与决策, 2009 (24).

112. 郑素丽, 宋明顺. 专利价值由何决定?——基于文献综述的整合性框架 [J]. 科学学研究, 2012 (9).

113. 郑绪涛. 我国专利制度在激励技术创新方面存在的问题及其优化措施 [J]. 市场论坛, 2007 (8).

114. 郑友德, 高华. 论专利制度对创新的激励 [J]. 科研管理, 1999 (3).

115. 郭湫君, 郑友德. 基于行为法经济学的企业专利侵权诉讼行为分析 [J]. 中国科技论坛, 2011 (6).

116. 郑友德, 等. 美国、欧盟、亚洲各国专利代理制度现状及发展研究 [J]. 知识产权, 2007 (2).

117. 中国高技术产业发展促进会知识产权战略研究课题组. 我国进入"专利丛林"时代的若干思考——我国迫切需要从战略高度重新配置专利审查、专利司法等领域的制度资源 [J]. 科技促进发展, 2013 (2).

118. 周璠. 韩国实用新型制度的变革 [J]. 中国发明与专利, 2008 (10).

119. 朱新力, 张钗园. 专利资助政策的困境与改革要略 [J]. 浙江大学学报 (人文社会科学版), 2012 (5).

120. 朱雪忠, 万小丽. 竞争力视角下的专利质量界定 [J]. 知识产权, 2009 (4).

121. 邹波. 知识产权的宪法保护研究 [D]. 武汉: 武汉大学, 2011.

122. 左萌, 李琰. 浅析发明创造性审查中的争议点 [J]. 电视技术, 2013 (S2).

三、英文著作类

1. Anthony L. Miele. Patent Strategy: The Manager's Guide to Profiting from Patent Portfolios [M]. John Wiley & Sons, 2000.

2. Assafa Endeshaw. Intellectual Property Policy for Non – Industrial Countries [M]. Dart-

mouth Publishing, 1996.

3. B. Zorina Khan. the Democratization of Invention: Patent and Copyright in American Economic 1790—1920 [M]. Cambridge University Press, 2009.

4. Brad Sherman and Lionel Bently. The Making of Modern Intellectual Property Law – the British Experience, 1760—1911 [M]. Cambridge University Press, 1999.

5. Christopher Wolfe. Judicial Activism: Bulwark of Freedom or Precarious Security [M]. Rowman & Littlefield Pub Inc. , 1997.

6. Gillian Davies. Copyright and the Public Interest [M]. Published jointly by VCH Verlagsgesellschaft mbh & VCH Publishiners Inc. , 1994.

7. Graham Dutfield. Intellectual Property, Biogenetic Resources and Traditional Knowledge [M]. Earthscan Publications Ltd, 2004.

8. H. Jackson Knight. Patent strategy for rese archers and research managers [M]. John Wiley & Sons, 2012.

9. Janice M. Miller. An introduction to patent law [M]. CITIC Publishing House: Aspen Publishers, 2003.

10. John Feather. Publishing, Piracy and Politics – An Historical Study of Copyright In Britain [M]. Mansell Publishing Limited, 1994.

11. Laurence M. Fridman. A History of American Law [M]. New York: Simon & Schuster, 1985.

12. Peter Drahos. A Philosophy of Intellectual Property [M]. Dartmouth Publishing, 1996.

13. R. Nelson and S. Winter. An evolutionary theory of economic change, BY Nelson and Winter [M]. Harvard University Press, 1982.

14. Robert M. Sherwood. Intellectual Property and Economic Development [M]. Boulder: Westview Press, 1990.

15. Robert P. Merges, John Fitzgerald Duffy. Patent Law and Policy: Cases and Materials [M]. Lexis Law Pub, 2009.

16. Robert P. Merges, Peter S. Menell and Mark A. Lemley. Intellectual property in the new technological age [M]. Aspen Publishers, 3rd ed. 2003.

17. Ronan Deazley. On the Origin of the Right to Copy [M]. Hart Publishing, 2004.

18. Thomas Cottier. Concise International and European IP Law [M]. Kluwer Law Internation-

al, 2014.

19. William Cornish. Cases and Materials on Intellectual Property (Fourth Edition) [M]. London: Sweet & Maxwell Ltd. , 2003.

四、英文论文类

1. Branstetter. L. and H. Kwon. The restructuring of Japanese research and development: The increasing impact of science on Japanese R&D [J]. Unpublished manuscript, 2004.

2. Carl Shapiro. Navigating the Patent Thicket: Cross Licenses, Patent Pools, and Standard – Setting [J]. Competition Policy Center, May 4, 2000.

3. Cohen, W. M. , A. Goto, et al. R&D spillovers, patents and the incentives to innovate in Japan and the United States [J]. Research policy, 2002, 31 (8).

4. Ginarte, J. C. , W. G. Park. Determinants of patent rights: A cross – national study [J]. Research policy, 1997, 26 (3).

5. Goto, A. Japan's national innovation system: current status and problems [J]. Oxford Review of Economic Policy 16 (2).

6. H. Ernst. Patent applications and subsequent changes of performance: evidence from time – series cross – section analyses on the firm level [J]. Research Policy, 2001.

7. H. Ernst. Patent portfolios for strategic R&D planning [J]. Journal of Engineering & Technology Management, 1998.

8. H. Ernst, J. H. Soll. Integrating market and patent portfolios for market – oriented R&D planning [J]. Proceedings of the Conference: Management of Engineering and Technology, PICMET '03. Technology Management for Reshaping the World. Portland International Conference, July 2003.

9. Hirschey, M, V. J. Richardson. Valuation effects of patent quality: A comparison for Japanese and US firms [J]. Pacific – Basin Finance Journal, 2001, 9 (1).

10. Jaffe A. B. The US Patent System in Transition: Policy Innovation and The Innovation Process [J]. Research policy, 2000, 29 (4).

11. James M. Utterback and Thomas J. Allen, et al. The process of innovation in five industries in Europe and Japan [J]. Engineering Management, IEEE Transactions, 1976, (1).

12. Jean O. Lanjouw, Ariel Pakes and Jonathan Putman. How to count patents and value intel-

lectual property: The Use of Patent Renewal and Application Data [J]. the journal of Industrial Economics, vol. 46, No. 4, Dec. 1998.

13. Lohr, S. Patent Auctions Offer Protections to Inventors [J]. The New York Times, September 20, 2009.

14. M. A. Lemley. A New Balance Between IP and Antitrust [J]. Southwestern Journal of Law and Trade in The Americas, 2007 (2).

15. P. Klemperer. How Broad Should the Scope of Patent Protection Be? [J]. Rand Journal of Economics, 1990.

16. Park, W. G. International patent protection: 1960—2005 [J]. Research policy, 2008, 37 (4).

17. Pitkethly, R. H. Intellectual property strategy in Japanese and UK companies: patent licensing decisions and learning opportunities [J]. Research policy, 2001, 30 (3).

18. Prahalad C. K. , Hamel G. The Core Competence of the Corporation [J]. Business Review, 1990, 66.

19. R. P. Merges, R. R. Nelson. On the Complex Economics of Patent Scope [J]. Columbia Law Review, 1990.

20. Raymond Millien, Ron Laurie. A Summary of Established & Emerging IP Business Models [J]. Proceedings of the Sedona Conference, 2007.

21. Romer, P. When Should We Use Intellectual Property Rights? [J]. American Economic Review, 2002, 92 (2).

22. Sakakibara, M. and L. G. Branstetter. Do stronger patents induce more innovation? Evidence from the 1988 Japanese patent law reforms [J]. National Bureau of Economic Research, 1999.

23. Scotchmer, S. and J. Green. Novelty and Disclosure in Patent Law [J]. Rand Journal of Economics, 1990, 21.

24. Scotchmer, S. On the Optimality of the Patent Renewal System [J]. The Rand Journal of Economics, 1999, 30 (2).

25. Simon Newman, Wallace Koehler: Copyright. Moral Rights, Fair Use, and the Online Environment [J]. Journal of Information Ethics, 2004 (2).

26. Smith, M. , Hansen, F. Managing Intellectual Property: A Strategic Point of View [J].

201

Journal of Intellectual Capital, 2002, 3 (4).

27. T. L. Gwartney. Harmonizing the Exclusionary Rights of Patents with Compulsory Licensing [J]. William & Mary Law review, 2009 (4).

28. Van Dijk, T. Patent Height and Competition in Product Improvements [J]. Journal of Industrial Economics, 1996, 44.

29. Viner, J. The Intellectual History of Laissez Faire [J]. Journal of Law and Economics, 1960, 3.

30. Wang, A. W. Rise of the Patent Intermediaries [J]. Berkeley Technology Law Journal 2010, 25 (1).

31. Wendy J. Gordon. A Property Right in Self – expression: Equality and Individualism in the Natural Law of Intellectual Property [J]. Yale Law Journal 1993, 102.

32. Young A. Learning by doing and the dynamic effects of international trade [J]. Quarterly Journal of Economics, 1991 (5).